三・一独立運動と植民地教育史研究

植民地教育史研究年報◉2009年………

日本植民地教育史研究会

皓星社

三・一独立運動と教育史研究
2009　植民地教育史年報　第12号　目次

巻頭言 ……………………… 日本植民地教育史研究会代表・西尾達雄　3

Ⅰ．シンポジウム
植民地教育史研究にとって"三・一独立運動とは"

"植民地教育史研究と「三・一独立運動」"………………… 渡部宗助　8
三・一独立運動と教育史研究……………………………… 三ツ井崇　12
三・一独立運動後における台湾の社会運動の発展について……… 陳　虹彣　28
澤柳政太郎のアジア認識
　　─朝鮮統治＝植民地教育論を中心にして─ ………… 松浦　勉　37
植民地教育史研究にとって"三・一独立運動"とは
　　〜朝鮮・台湾・日本研究から〜（シンポジウムのまとめ）…… 井上　薫　48

Ⅱ．研究論文
日本統治下膠州湾租借地における初等教員人事異動の展開……… 山本一生　58
植民地体験を乗り越える同窓会
　　─旅順工科大学同窓会の戦後………………………… 佐藤　量　77

Ⅲ．旅の記録
台湾教育史遺構調査（その２）
台中県外埔郷「志賀先生之墓」と台北県九份国民小学「故吉原末太郎先生之碑」、
同県金爪石「二宮金次郎像」………………………… 白柳弘幸　98

Ⅳ．書評
板垣竜太著『朝鮮近代の歴史民族誌〜慶北尚州の植民地経験』
　　………………………………………………………… 井上　薫　106
大竹聖美著『植民地朝鮮と児童文化』 ……………………… 佐藤由美　114

Ⅴ．研究活動報告
2006〜2008年度３カ年の年科研プロジェクトを終えて ………… 宮脇弘幸　122
日本植民地・占領地の教科書に関する総合的比較研究－その成果と課題
　　………………………………………………………… 渡部宗助　133
『日本植民地・占領地の教科書に関する総合的比較研究（科研報告書）』
　　合評会での台湾関係論文についてのコメント……… 弘谷多喜夫　142
日本植民地・占領地の教科書に関する総合的比較研究
　　報告書合評会での発表文………………………………… 鄭　在哲　147
Ⅵ．彙報……………………………………………………… 白柳弘幸　164
編集後記………………………………………… 中田敏夫、宮脇弘幸　169
著者紹介

巻頭言

西尾達雄＊

　北大に来て3年目になる。北大にも「不思議」があることがわかってきた。
　「これが『北大』なのか」。これは、1958年に北大教育学部を卒業された加藤多一さんが2009年8月31日付の「学部同窓会だより」に寄せた一文のタイトルでもある。加藤さんは、よく知られているように、童話作家で平和を守る運動に積極的に関わっている方である。その前半の部分を紹介したい。

　2009・6・19、久しぶりに北大構内をゆっくり散歩して、美しくなつかしいものを再確認した。
　しかし、この日札幌駅構内の「総合観光案内所」でもらった「北大キャンパス・ガイド」には、驚き、かつ失望した。
　「これが北大か」と全国の人々や心ある外国の人々に受けとられる。これが世界に開かれた大学なのか ─ 私は、恥を感じる。
　リーフレットの現物を見よう。
　「聖蹟碑」の説明 → 「1936年北海道で陸軍特別大演習が行われた際、農学部に『大本営が設置され、天皇陛下の行在所（仮御所）となったことを記念する碑」／翌1937年除幕、日高産の拓榴石制作」
　「正門」の説明 → 1936年、陸軍特別大演習が行われ、天皇陛下を北大に迎えるに際して新たに築造された門。（それまでここにあった門柱は南門に移設され、現在に至る。）
　もちろん「歴史」は観光資源である。しかし、そのためには、「歴史観」

＊北海道大学教員

が確立していなければならない。
　「クラーク像」や「古川講堂」と並べて、アジア太平洋戦争の最高最大の責任者だった存在（人間）の「遺蹟」をこのように大宣伝すること、それは北大人の「恥」でなくて何だろう。（以上）

　このような感覚が大学内には希薄になっているのではないか。大学が利益と効率化を優先する中で、正規職員の大幅削減、非正規雇用の拡大がすすんでいる。教員も職員も仕事が煩雑化し、多くが流されてしまっている。考える余裕を与えない構造がある。
　大学が法人化されるに当たり、ほとんどの大学で大学憲章を作成している。しかし、北大では、大学憲章を作らなかったという。大学案内にはこう書いてある。「社会の要請に応えて国立大学法人としての歩みを始めるにあたって」、これまでの「基本理念を再確認」した。それは、札幌農学校から帝国大学を経て新制大学に至る長い歴史のなかで培ってきた、「フロンティア精神」、「国際性の涵養」、「全人教育」及び「実学の重視」という理念だというのである。しかし、開拓精神も国際性も実学も、植民地開拓と支配に大きな役割を果たしたことも事実である。北大は農学校創設以来「植民学」講座がおかれ、日本による植民地支配を理論的・実践的に支える役割を果たした。これと表裏一体をなす形で「人種論」がとなえられ、植民地支配、民族差別、あるいは少数民族への同化政策を正当化する役割を果たした。
　その具体的事実が古河講堂「旧標本庫」人骨問題であった。これは、1995年7月26日に、文学部の管理下にある古河講堂の一室を整理中に、新聞紙に包まれて、ダンボール箱に入れられたまま、棚の上に放置されている人間の頭骨6体が発見されたものである。これらの頭骨は、「韓国東学党」と墨書のある頭骨1体、「オタスの杜風葬オロツコ」の貼紙のある頭骨3体、「日本男子20才」の貼紙のある頭骨1体、「寄贈頭骨出土地不明」の貼紙のある頭骨1体を合わせて6体である。文学部ではこれに関する調査報告書を出している。そこには、「韓国東学党」と墨書のある頭骨採集に札幌農学校卒業生佐藤政次郎（当時韓国統監府官吏木浦勧業模範場技手）が関わっていたこと、当時東北帝国大学農科大（北大の前身）学長であった佐藤昌介が、農政の専門家として日本の朝

鮮侵略を正当化した事実が指摘されている。文学部は、「今回の出来事を通して、学問の場として改めて自己の歴史認識を問い直し、過去を反省しつつ、教育・研究を行っていかなければならないと考える」と述べている。しかし、北大の基本理念にはこのことの反省は書かれていない。そこには「平和」の文字も見られない。平和憲法と批判的精神に彩られた加藤さんの誇りとする「北大」精神とは異なるのではないか。

　本号は、「三・一独立運動と教育史研究」というタイトルがつけられた。歴史研究では国内唯一のシンポジウムではないかと思う。三・一運動を教育史からどう見るかという意欲的な報告であった。読者の批判を仰ぎたい。

　2010年は、日本帝国主義が朝鮮半島全体を侵略戦争によって制圧し「併合」してから100周年となる。日韓はもちろんであるが、これまでわが国が植民地・占領地としたアジア諸国の政府・国民との間で、歴史認識を共有することが必要である。それは、21世紀に日本がアジアの人々と真の平和と友好を築いていくうえで、土台となる重要課題である。私たちの研究は、それに深く関わっている。研究会の原点である「呼びかけ文」に立ち返って、アジアから信を得ることのできる学術研究を発展させていきたい。

Ⅰ．シンポジウム

植民地教育史研究にとって
"三・一独立運動とは"

植民地教育史研究と「三・一独立運動」

渡部宗助*

1

　私たちの日本植民地教育史研究会・第11回研究大会のシンポジウムは、"植民地教育史研究と「三・一独立運動」"をテーマにすることにした。多少意外な印象を与えるかもしれないが、今年（2009年）は「三・一独立運動」90周年である。そして来年は「韓国併合」100年であるから、韓国・朝鮮でも色々な行事が想定されるが、今年の場合韓国・朝鮮でどのような記念行事が予定されているか寡聞にして知らない。これらについては、日本政府と心無い日本人には頰被りしたい心情もあるだろう。朝鮮の「三・一」は、中国の「五・四」に連動して両国民の記憶にあって、その歴史意識を形成していると思われるが－それが買い被りではないと信ずる－日本人の場合はどうだろうか。そう言う意味で日本人の記憶と歴史意識に訴えるのは「8・6」「8・15」だろうか、それとも「2・11」だろうか。多くの民族・国にはそのように記憶し、記念すべき「月・日」はあるだろうが、日本ではそういう「独立」に関わって国民の記憶に刻み込まれた日はないように思われる。「七・七」は日本人にとっては「七夕」かも知れないが、中国人にとっては「盧溝橋・抗日戦記念日」として記憶されているというすれ違いは、二つの国・民族の間では珍しいことではないであろう。加害者は忘れ、被害者は記憶すると言われるが、「忘却」とは一度は記憶されたことが「風化」してしまったことを言うならば、日本人にとっての「三・一」や「五・四」は、記憶喪失でさえないかも知れない。

*埼玉工業大学工学部

2

　「三・一」は、韓国・朝鮮の人々に今どのように意識されているのだろうか、という知的関心がこのテーマには含まれている。例えば、ジェンダー研究が盛んであるが、その視点から「三・一」は問い返されているのだろうか。「三・一」に参加した女性たちのその後の生き方はどう評価されているのだろうか。あるいは韓国における「植民地近代化」論において、「三・一」はどのように評価されているのだろうか。教育史に則して言えば、日本を上回るハイペースの韓国の「高学歴化社会」の到来は、「三・一」の予期せぬ「成果」だったのか、必然なのか、無関係なのか。より即事的には「三・一」に参加した、あるいは参加せずとも同時代を生きたエリート的学生・生徒たちのその後の足跡は、それ自身植民地教育史研究の対象的課題であり続けているように思う。
　これら「三・一」がその後の歴史に与えたと思われる影響が、現代との対話の中で、韓国・朝鮮で絶えず見直されているであろう状況を知りたい、というのが趣旨の一つである。
　がしかし、何よりも私たち日本の植民地教育史研究者にとっては、「私たちの先輩、私たちの同胞があの「三・一」をどう受け止めたか」を鏡として、今日の時点であの「運動」を再考したいというのがもう一つの重要な趣旨である。「三・一」から学ぶべきもの、私たち自身の「独立の精神」は今どうなっているか。あの運動にあったのは「民族」の独立だけだったろうか。一人びとりの「独立」、「精神の独立」も謳われていたではないか。今、この国の「一身独立して、一国独立す」の現状はどうなっているだろうか。自らの生存の危うさも「自己責任」に置き換えられている現実とそれを許容している思想状況は何なのか、何故なのか。
　確かに私たちにとって「三・一」は常識化している面もある。「三・一」は、近代の韓国・朝鮮史の時期区分の指標として揺るぎない位置にある。「武断政治」から「文化政治」へという日本の植民地支配形態の分水嶺として世界史の教科書でも説かれている。多くの研究書では「三・一」は「枕詞」のように記述されている。そのこと自身は歴史的共通認識として「画期的」と言うべきことで、「8・15」以前には考えられないことであった。
　同時に私たちは、それに安住してはいないか。日本における「三・一」

研究は、精々50年程度で、その間3回の画期を持っている。最初は「30周年」、次いで「50周年」(朴慶植『朝鮮三・一独立運動』、朝鮮憲兵隊司令部編『朝鮮三・一獨立騒擾事件－概況、思想及び運動』[復刻])、そして「70周年」－研究としては弱い！－である。これでは、「三・一」を「再考」するほどの蓄積も持っているとは言えないのではないだろうか。

3

　もう一つ重要なことは、植民地教育史研究における「方法論」に関わる「運動史」そして「思想史」研究の位置づけの問題である。植民地教育史研究に限らず、歴史研究において「運動史」研究の退潮は明らかである。それはなぜなのか。歴史を担い、突き動かすのは、人々の日常生活の累積、個々人のエゴの充足、匿名化された価値観等々であると見なす研究は盛である。そこでは少数から始まり、やがて組織的な運動へという道のりの研究は、19～20世紀＝モダンの「遺物」であるかのようである。しかし、帝国主義・植民地支配の問題は、日本において「19～20世紀の遺物」－「負の遺産」とも呼ばれる－で済まされていいのだろうか、という思いがある。それが主観的な思い入れに過ぎないならば研究の対象にする必要はないだろう。歴史の転換期には必ず巨大な運動があった。運動の「10日間」は、10年に匹敵するとも評されるが、そこには自然発生的な場面もあったであろうが、長い準備の過程が通奏低音のようにあった。日本における運動史研究が衰退したのは、運動自体の退潮によって研究者自身がその底流にも眼を向けなくなった結果であろう。

　運動自体の後退とは相対的に、運動史研究（思想史研究含む）としての課題はあると思う。例えば、「ポストコロニアル」の文学思想問題の源流を、歴史の中に発掘し、それを歴史の実相・事実・記録に繋いで行く作業は残っているし、運動史研究もその一つであろう。過去の「運動史」研究のあり方・方法に問題があったとしても、「湯水とともに赤子を流す」愚を避ける方法を探求すべきではないだろうか。それを「三・一」で再度試みたいと言うのが、このシンポジウムのもう一つの趣旨であり、期待である。

4

　1919年の「三・一」は、日本からの民族的独立を掲げた運動であったが、それに止まる内容のものでは決してなかった。その「宣言書」をつぶさに読み解けば、そこには人類普遍の「自由」への希求が波打っていた。それゆえにその思想・運動は朝鮮から海外に伝播し、エジプト、インドの反英運動が呼応し（ネルーも「子に語った」）、中国では「五・四」を惹き起した。台湾の民族運動には影響を与えたのか、与えなかったのか。中国国民党「全世界被圧迫民族連合起来」という反帝ポスターには、アフリカ・ムスリム・中国・インド・朝鮮を象徴する5人のスクラムが描かれていた（1924？）。翻って、日本国内で「三・一」はどう受け止められたか。とりわけ教育の為政者たちはどう見たか。教育界に、一人の柳宗悦もいなかったのか。梶山季之『李朝残影』は、「妓生」をモデルに描いた画（「李朝残影」）が呼び醒ました「男と女」「父と子」を切り裂く「三・一」残影のリアルな描写であった。歴史研究であるなら、資・史料への厳密な扱いと読みも要求されよう。「二・八宣言書」（東京）と「三・一宣言書」（ソウル）の史料批判的考察も必要であろう。「宣言書」のビラは何種類あったのか、古典的な「みすず」の『現代史資料』（第25巻、1966）の誤りは訂正されているだろうか。朝鮮憲兵隊司令部資料の史料批判はどの程度行われてきたのだろうか。「三・一宣言書」に署名した33名中には後に「皇民化」運動の担い手になった人士がいたことは知られているが、33名の詳細な人物研究は進められているのだろうか。
　今日「三・一」を直接知る存命者はいないと思われるが、次世代の証言は得られるであろう。研究課題に胸が膨らむ、そんなシンポジウムを期待したい。

三・一独立運動と教育史研究

三ツ井 崇*

はじめに

　三・一独立運動（以下、三・一運動）90周年を2009年に迎え、その研究成果を教育史研究にどう還元できるかが、筆者に与えられた課題であるが、それに答えることは容易ではない。もちろん、三・一運動は朝鮮植民地支配の統治方針の変更を迫るほどの大事件であり、朝鮮総督府の教育政策においてもそれは例外ではなかった。しかし、そもそも三・一運動はどのような社会的基盤・文脈において、なぜ起こったのだろうか。この問いにわれわれは明確に答えられるだろうか。ともすれば、柳寛順や堤岩里虐殺という弾圧の残酷さの象徴的事件のエピソードのみで運動の性格を語ってはこなかっただろうか。そして、それで三・一運動の全体像を論じたことに果たしてなるだろうか[1]。

　本稿はこのような問題意識を土台にし、近年の三・一運動研究の成果を紹介し、それらの成果をもとに教育史研究における意義を再確認することを目的とする。以下、三・一運動研究の論点、運動の国際的契機と運動家の行動、運動の構造と社会的基盤について論じたあと、教育という要素が三・一運動にどう絡んでくるのか、試論を展開してみたい。

1　三・一運動前史としての
　　1910年代史の必要—論点の提示—

　三・一運動を教育史の文脈でとらえるとき、ともすれば朝鮮教育令改正（1922年）や「三面一校」計画など三・一運動後の統治方針の変化に注目されがちである。それそのものの歴史的意味を否定するものでは

＊同志社大学言語文化教育センター准教授

ないが、このような視点を採るとき、すでに三・一運動は単なる時期区分の基準としてしかみられていないことになる。そもそも三・一運動とは何であるかを問う際には、このような見方は非常に問題が多い。そこで論点を整理するにあたり、まず、運動の原因・構造という点に注目したい。三・一運動60周年にあたり、馬淵貞利がそれまでの研究史を整理した内容[2]からもわかるとおり、この論点はいまになって初めて主張される論点ではない。しかし、「なぜ」三・一運動が起こったのか、あるいは三・一運動と呼ばれる一連の運動・蜂起の場／構造をどうとらえるかという根本的な問いのためには決して避けて通れない論点である。

そもそも、運動の原因としては「外因」・「内因」とも呼ばれる両方の観点が存在する。前者が当時の朝鮮をめぐる国際的関係ないしは事件、具体的には、ロシア革命やウィルソンによる民族自決主義の提唱などの外部的契機に注目する一方、後者は、朝鮮統治やそれに対する朝鮮民衆の対応という内部的契機に対応するものである。言うまでもなく、三・一運動の原因をいずれかに一方に限定することはできない。馬淵は「［……］運動の準備過程における国家的連関や、一次大戦期に特徴的な民族的矛盾の高まりは、植民地民衆の立場から民衆の動きと国際政治とを有機的に結びつけてとらえる方法を必要としている」[3]と主張するが、まさにこのような課題は現在においても同様である。

ここでいま一度、本稿の課題と関わって、どのような視点が必要なのか考えてみたい。三・一運動を一つの転換点としてとらえたとき、原敬首相―斎藤実総督ラインで導入される「内地延長主義」の問題、「三面一校」計画や就学率の推移、言論・集会・結社の規制緩和などの政策的あるいは社会状況的変化が注目されるが、統治者側および被統治者側のいずれの側においてもその変化／転換の原因や基盤が何であったかが問題となる。もう少し突っ込んでいえば、政策転換の準備、あるいは民族運動の思想的基盤の形成といった問題の淵源を、三・一運動という短い期間の事件にのみたどるというのはどう考えても無理があろう。そこで、筆者は三・一運動前史としての1910年代史の必要性を提唱したい。そして、この必要性を満たすことこそ、三・一運動およびその後の動向を見通すことにもつながると筆者は強く信じるのである。以下、この視角に沿って具体的にみていくことにしたい。

2 三・1一運動の国際的契機と運動家の行動
(1) 民族自決主義と朝鮮人の対応

　教科書的記述によれば、第一次世界大戦の終結後、アメリカのウィルソンによって提唱された民族自決主義に影響されて、朝鮮人が独立を画策するようになり、「独立宣言書」の起草にいたるという流れが提示される。しかし、そこにいたるまでには中国・アメリカ・日本・ロシアの各地域に在住していた朝鮮人たちの思惑および活動上における相互のネットワークが機能していたことを視野に入れておく必要がある。以下では、先行研究の成果をもとにこの間の動きを簡単に整理しておきたい[4]。

　1918年1月にウィルソンによって14か条の提議がなされる。長田彰文はこの提議を受けた各地在住朝鮮人の対応について整理している[5]。まず、在中朝鮮人は1918年8月に呂運亨を中心に、「民族主義、民主主義、共和主義、社会改革主義、国際平和主義などに立脚した朝鮮の独立回復を目的とする」新韓青年党を結成する。そして、同年11月11日に第一次世界大戦が終結すると、講和会議に向けて金奎植をパリに派遣するほか、朝鮮本土、日本、満州・ロシア領沿海州へとメンバーを派遣している。在米朝鮮人社会においては、大韓人国民会（サンフランシスコ）、新韓会（ニューヨーク）のそれぞれの組織が活動していた。大韓人国民会（中央本部長：安昌浩）は1918年11月25日にパリ講和会議、小弱属国同盟会議に朝鮮代表3名（李承晩・閔讃鎬・鄭翰景）を送ることを決定し、同日付で3名名義の請願書をウィルソン宛に送付している。一方、新韓会（会長：申聲求）も1918年12月2日に請願書をランシング、上下両院外交委員会あてに送付し、同月14日には小弱属国同盟会議へ金憲植が朝鮮代表として出席し、執行委員に選出されている。在米朝鮮人社会において大韓人国民会と新韓会と活動が分裂しており、また、1919年2月に出された李承晩・鄭翰景の連名によるウィルソンおよびパリ講和会議あての委任統治請願に対しても反発が出るなど、足並みがそろっていなかった。

　このような在米朝鮮人の活動や動向を日本の報道を通じていち早く察知したのが在日朝鮮人であった。しかし、在日朝鮮人留学生の民族自決

主義に対する態度は期待と疑問の両方が存在したが、多くが朝鮮への適用の可能性は薄いと考えていたという。ただ、中国の新韓青年党は趙鏞殷、張德秀、李光洙を日本に派遣している。このことは運動のネットワークを考えるうえで重要であろう。

　ロシア領在住の朝鮮人は社会主義の影響を受ける一方、民族自決主義への期待感は大きく、抗日意識をもとに米国・ロシアを利用しながら朝鮮の独立を考えていた。1917年の三月革命によってツァー政権が崩壊すると、全露韓族会が発足し、崔才亨（帰化者代表）、李東輝（非帰化者代表）が名誉会長として選出され、民族統一戦線を形成してもいる。ロシア在住の朝鮮人社会でも講和会議に人を派遣することを決定している。当初、崔才亨、李東輝の2人に決定したが、最終的に尹海、高昌一の2人が派遣されることに決定された。ロシア領ではウラジオストックで新韓村と呼ばれる朝鮮人のコミュニティが形成され、独立運動の拠点ともなっていたが、新韓青年党の呂運亨がそのウラジオストックで1919年2月中旬から3月初にかけて李東輝、李東寧、朴殷植、文昌範、姜宇奎、趙琬求らと会い、情報共有をしていることも重要な事実である。

　最後に、朝鮮内への民族自決主義の伝播について触れておくと、総督府系の機関紙『毎日申報』1918年1月11日付および10月24日付の報道でウィルソンの14か条について言及されているが、同11月5～6日付で民族自決主義が米国自体の自家撞着になる旨の社説を発表し、朝鮮人への影響を恐れた朝鮮総督府は以後、報道規制をかけた。しかし、比較的初期に報道されているほか、大戦終結後ではあるが、新韓青年党からも張德秀、金澈、鮮于爀、徐丙浩、金順愛、白南圭らが朝鮮本土へと派遣されており、情報は確実に伝わったとみてよい。事実、朝鮮人学生の間ではパリ講和会議に期待する動きも出てきたほか、天道教やキリスト教指導者層にも大きく影響を与えたのである。

(2)「二・八」、そして「三・一」へ[6]

　1919年2月21日に「李太王」（＝高宗）が逝去したが、4日後に控えていた英親王李垠と梨本宮方子との結婚式は4月へと延期された。高宗の死は公表され、3月3日に葬儀をおこなうことに決定されたが、その死因をめぐって自殺説・毒殺説が流布し、地方へと波及したことはすでによく知られた事実であろう。しかし、ここに朝鮮民衆の間で日本に対

する不信感が広がっていく一方、統治者側、とりわけ朝鮮憲兵隊司令部では危機感が強まっていったということを、時代の背景としておさえておきたい。

　以下では、三・一運動へとつながる直接的な動きを整理しておくことにしたい。まず、在日朝鮮人留学生（学友会）の対応についてみておこう。1918年12月29日に朝鮮の独立と何らかの実行運動をおこなうことに対する合意がなされている。翌年1月6日には雄弁会を開催し、実行委員10名を選出した後、独立宣言書を日本政府、各国大使・公使、貴族院・衆議院両院へ送付することを決定している。このころ李光洙ほかの朝鮮人学生とのネットワークで、中国、朝鮮、アメリカ、シベリアでの朝鮮人の動向を把握することにもなる。このときの実行委員で朝鮮青年独立団が結成される。独立宣言書の起草を担当したのが新韓青年党員でもある李光洙であった。そして、1919年2月8日に有名な「二・八宣言」が朗読・発表され、独立万歳が叫ばれるのである。朝鮮総督府は民族自決主義、高宗の死とともにこの「二・八宣言」とそれに代表される在日朝鮮人学生たちの動向を危険視するにいたるのである。

　次に、三・一運動の独立宣言書起草と朗読、そして学生・民衆たちの示威活動というもっとも有名な事件にいたるまでの経緯について整理しておこう。中心的役割を担った天道教とキリスト教の動きについてまずおさえると以下のようになる。

　1918年11〜12月に新聞で民族自決主義が報道されたのを知った天道教幹部たちは独立運動の協議をおこない、年が明けた1月20日付で教主孫秉熙は運動の組織に向けて指示を出した。そして、幹部たちは運動の大衆化、一元化、非暴力化の三原則のもと、挙族的運動の展開を目指した。在日朝鮮人学生の活動が活発化するころ、朝鮮青年独立団から宋継白、崔謹愚が派遣されるが、朝鮮では宋継白→玄相允（中央学校教師）→宋鎮禹（中央学校校長）→崔麟（普成高等普通学校校長、天道教幹部）→孫秉熙（天道教教主）の順に情報が伝わってもいる。つまり、日本での動向が天道教にも伝わっているということになる。

　さて、天道教とは別にキリスト教でも独立運動の動きは始まっていた。長老教牧師の李昇薫は新韓青年党の鮮于爀と接触している。その後、長老教長老会で独立運動の開始に関する決定をおこなっている。このよう

な動きが天道教に伝わり、2月24日の段階で天道教とキリスト教が合同して独立運動をおこなうことになった。さらに、天道教幹部の崔麟が仏教の韓龍雲と接触し、2月27日に仏教が合同することになった。ここで、独立宣言書の作成・印刷、民族代表の選出へ向けた基盤ができあがるのである。

　学生団も別途独立運動へ向けた動きを始めていたが、宗教界での合同を受け、学生団と宗教界の連合で運動をおこなうこととし、3月1日午後パゴダ公園に集合することなどを2月25日付で決定した。

　ただし、2月28日に、翌日パゴダ公園で多数の学生と民衆が集まることを察知した民族代表は、ソウル市内の朝鮮料理店に集合することにした。崔南善が起草した独立宣言書は3月1日未明にソウル全域で配布された。民族代表は料理店で独立万歳を三唱した後、料理店主人に告発され、まもなく逮捕されることになる。しかし、学生、民衆が多数集まっていたパゴダ公園では学生代表が独立宣言書を朗読し、示威活動を開始していくことになるのである。三・一運動勃発までの簡単な経緯は以上のとおりである。

(3) 運動時の思想的基盤

　さて、三・一運動の担い手たちの思想的基盤はどのようなものであっただろうか。日本に対する「抵抗」意識というだけでは、何も説明したことにならない。むしろそのような意識を動員し、独立を宣言しようとする際の思想的よりどころが何であったのかが問われている。近年の研究で三・一運動の思想的基盤に関するいくつかの成果が出ているので、以下では、それらの研究動向について簡単に紹介したい。

　宮嶋博史は三・一運動の独立宣言書を読み、そこに民族主義と文明主義の併存を読み取る[7]。宮嶋によれば、朝鮮の独立が東洋三国の平和をもたらす、言い換えればそのような「平和」は朝鮮の「善導」によってもたらされるというものである。宮嶋のいう「文明主義」とは、長谷川好道総督への要望書の次のような文言に顕著にあらわれている。

　　［……］社会ノ基素ヨリ言ヘハ朝鮮ハ儒教国トシテ日本ハ仏教国ナリ歴史ヨリ言ヘハ朝鮮ハ五千年ニシテ日本ハ其ノ半ニ過キス言語上ヨリ言ヘハ音韻変化ノ豊約懸隔シ文字上ヨリ言ヘハ表記範囲ノ広狭

過異ニシテ朝鮮ハ世界的容量ナルモ日本ハ地方的貧弱ナリ且ツ飲食衣服等ニ至ルニ朝鮮ノ文化的高級ナルニ比シテ日本ノソレハ実質価値ノ如何ニ低劣ナルカハ固ヨリ定評ノアルナリ新文化ノ過程ニ於テハ仮令幾歩カ落後シタリト云フヘキモ原価値ノ表現ニ於テハ寧ロ数等ノ高地ニ先占シタル朝鮮ヲハ日本ノ誠実ナラサル方法ヲ以テ根本的改化ヲ遂ケントスルハ固ヨリ言フヘク行フヘカラサルコトナリ[……][8]

　ここで示されているのは前近代的文明においては日本より朝鮮のほうが優越していたという優越意識であり、このような前近代的価値観が近代的民族主義と併存しているということが宮嶋の主張である。この指摘自体はきわめて興味深いが、独立宣言書を含め、文の内容や性格は起草・作成した者、あるいはそれに同意した者の知的背景や運動論的戦略などに左右されるので、これを全体化してとらえるわけにはいかない。
　新しい思潮に敏感に反応していたのは、やはり若い学生たちであった。権ポドゥレは1910年代の在日朝鮮人留学生の言論活動を分析し、西洋の思想家を同時代的感覚として参照した彼らの言論から進化論的弱肉強食の論理への批判意識を読み取るほか、「世界」や「人類」といった普遍主義的感覚を読み取ろうとする[9]。問題となるのはそのような普遍主義的価値観と「民族」意識はどう共存しえたのかである。ここで権は政治と非政治をめぐる価値の対立に注目する。三木清によれば、大正デモクラシーの知識界の雰囲気は、「あの第一次世界戦争といふ大事件に会ひながら、私たちは政治に対しても全く無関心であつた。或ひは無関心であることができた。やがて私どもを支配したのは却つてあの「教養」といふ思想である。そしてそれは政治といふものを軽蔑して文化を重んじるといふ、反政治的乃至非政治的傾向をもつてゐた、それは文化主義的な考へ方のものであつた」[10]と回顧されるが、その「文化主義」の性格をめぐって朝鮮人学生の間で論争が起きていた。その論争の当事者は「二・八」から「三・一」の間で何らかの形で独立運動に関わる李光洙と玄相允なのであった。李は「我々の理想」（1917年）で次のように述べる。

[……]無論政治を背景としない文化の発達はないでしょう。[……]
しかしだからといって、必ずしも文化は政治の従属物であるとは言えず、従ってある民族の価値をを論ずるときには、必ずしも政治史的位置を判断の標準とするもでないのではないかと思います。万一、あのローマ帝国のように政治的であれ文化的であれ、すべて優越した地位を占めることができたとするなら、それより良いことはないのであるが、そうできず、もし二者を併せ持てない場合には、わたしはいっそ文化を取ろうと思います。政治的優越はその時一時は非常に輝かしいとしても、その勢力が衰えると同時に朝露のごとくその栄光も消えうせてしまうものではありますが、文化はこれと反対にその当時にはそれほど栄光あるものではないようでも、永遠に人類の恩人となり、不滅の栄光と感謝を受けるのでございます。向かうところ敵なく天下を蹂躙していた成吉思汗の大帝国よりも吾人はかえって猫の額のようなアデンツ城を讃頌しませんか。[11]

これに対して、玄相允は次のように反論する。

しかし、君に一つだけ問うべきことは、君が我々の民族的理想を言うときに、ひとり文化のみを言うのはどうしたわけなのかということである。しかし、理想だという以上は——言い換えれば、そのようになりたい、したいという将来の希望を述べる以上は、どうしたわけで円満なものをさらけ出さずに、片方や一部分にのみ偏った不完全な不揃いな［절름발이의—引用者］ものをさらけ出すのかというのがわたしの疑問だ。やはり君もこの点ではすごく苦心し、非常に躊躇したようである。なぜそうかと言えば、君はこのようなことを言った。「万一、あのローマ帝国のように政治的であれ文化的であれ、すべて優越した地位を占めることができたとするなら、それより良いことはないのであるが、そうできず、もし二者を併せ持てない場合には、わたしはいっそ文化を取ろうと思う」と。しかし、これが問わんとすることであり、疑わしく思う点である。もう一度具体的に言わんとするなら、われわれはどうしたわけでローマのようになれず、また「二者を併せ持てない」のはなぜなのか。また、

君が何の根拠をもって「二者を併せ持てない」ならばなどと言ったのか？これはわたしが君の心中がわからなくて言うことであり、君の意見にまったく賛同できないのである。［……］
　なぜそうかと言えば、文化も満足に暮らすことを意味するが、満足に暮らす生活において政治を取り除き、経済を取り除き、どうして満足いく生活となり、進歩的生活となろうか、というのである。また文化というのは、他人のためだけに作るものではない。自分の栄光を極まらしめ、自分の子孫を安らかにするために作るものと考えるならば、現実生活の中心となり、大部分となる政治を除き、経済をおろそかにし、どうして自分の栄光を極め、自分の子孫を幸福にすることができようか。これは到底不可能なことだというわけである。[12]

　文化か政治かをめぐる両者の見解の差異は朝鮮人学生が朝鮮半島の現状を鑑み、民族的理想をどのように実現するかの差異であった。玄にとって非政治の選択は敗北を意味したわけである。しかし権は指摘する。この両者に共通しているのは、普遍＝「世界」への連結が「民族」を立ち上げることによって成立するという考え方であると。それは、李が「どこでみてもわれわれは過去においては世界文化に何一つ貢献したものがなく、現在、もちろん過去だけとも言えないと見るのが最も正当で、そうして、万一、朝鮮民族が存在の価値を得る望みがあるとすれば、それは今より世界文化史上に栄光ある地位を獲得すること」[13]と論じるのに対し、玄が「いまだにわが朝鮮民族は世界に向かって何の交渉もなく、何の関係もなかった。［……］いまや李君が大声疾呼して「われわれも世界人と何らかの交渉を築こう、人類の文明のために何らかの貢献をしよう」と言うならば、非常に意味あることばであり、非常に有力な提案だと言わざるを得ない」[14]と同意していることにもあらわれている。
　文化と民族に関して、李智媛は1910年代における文化的民族主義の展開を扱う[15]が、その展開を、国外亡命独立運動家を中心とした抵抗民族主義の土台としての「国粋文化」保存の動きと日本留学者および朝鮮内の実力養成運動を中心とした文明化のための実力養成の動きとに分けて論じる。独立国家を志向する前者においては、社会進化論は克服の

対象とされるも、そこで創造される民族とは対内的には民族文化に現れる「魂＝国粋」を発揮する主体であり、対外的には差別的な文化創造の主体として想定され、階級を越えた大同団結意識と民権意識が存在したという。一方、後者に関しては、実力主義としての新学問を受容することにより西洋文明と接触し、民本主義や個人主義の影響で社会進化論を個人主義化したとする。そこでいう民族とは、門閥制からの脱皮や、個人の自立と自由の完成を保障し、また重農主義から通商主義へという資本主義生存競争の基本的単位としての民族であった。それは、自然的、倫理的、道徳的な有機体的結合であるが、「民族有機体の同質性と団結を強調することで社会進化論的成長論理を合理化し、民族の文明的自立を強調することで民族主義を脱政治化させる」[16]ものであったと李は指摘する。在日朝鮮人留学生の社会進化論に対する対応という点については権と見解が分かれるが、一方で民族主義の「脱政治化」という論点に関しては一部共通している（もちろんそれとても対応が分かれていたことは先述したとおりである）。

以上のような研究動向から、三・一運動の思想的基盤は、全体を包括する統一的な見解は出されていないが、むしろ評価の差異を含めて整理するならば、三・一運動が前近代／近代的価値観が混合し、かつ、「民族」観ないしは多様な運動論を包含しつつ展開された運動であったということがいえるのではないだろうか。そして、そのことは運動の構造が多重的であったということをも意味しているのである。

3．三・一運動の構造と社会的基盤
(1) 民衆運動としての側面—運動の多重構造とナショナリズムの性格—

運動の多重構造について理解するために、ここでは少し視点を変えて、各地方に拡散したさまざまな抵抗運動の性格について考えてみることにしたい。

趙景達は、「民族代表」と「民衆」の間には明確な溝があったとし、その根拠として民族代表たちの愚民観を挙げる。そして、趙は民衆の暴力化する運動の性格について検討した[17]。まず確認すべきことは運動形態の多様性である。西北（平安道）地域は民族代表との関係も深く、天道教やキリスト教の組織的運動が展開され、また都市部では学生知

識人の先導的役割が多かったのに対し、農村部では農民が主体となったとする。趙が注目する民衆運動とは農村部のそれである。興味深いのは、両班儒生が面長・面書記・里長などを指導し民衆を動員する徳望家的秩序観が機能し、また市日をねらって場市より始まるという朝鮮後期以来の民乱の作法が採られているという指摘である。また、示威運動の理由も、墓地の規制、火田の取り締まり、日本人の朝鮮人への侮辱、小作料の過重など日常に存在した民衆の不満が原動力となっていることが明らかにされる。一見無秩序に見えるこれらの動きも民衆固有の自律的な論理が貫徹したものであったが、解放主体意識は希薄かつ脆弱であり、総督府政治への不満や義憤を感じながらも、生活者として闘争の姿勢をあらわにすることを躊躇する民衆の姿を描き出した。このような民衆運動にはたらく意識を「始原的ナショナリズム」と呼び、知識人の近代的ナショナリズムと区分して、「近代」に包摂されない民衆の自律的世界の存在を指摘するのである。

　尹海東もまた、運動の原因を「武断政治」の強圧性とそれによる朝鮮社会内部の変化に求めている[18]。とりわけ大きい不満要素として、朝鮮総督府の墓地政策を挙げている。これは朝鮮後期以来の入会地の私有化を遮断するものであり、祖先崇拝の儀式の変更を余儀なくさせるものであって、これが抵抗の主要原因となったと指摘する。また、農村社会の対応も示威の大部分が場市で発生したことから、農村の「共同体的方式」に従ったものであったとする点などは、趙と見解が同じであるといえよう。しかし、尹は運動を通していわゆる「原初論的」特徴が強い朝鮮近代民族主義が形成される契機が与えられたとし、具体的な例としては印刷と鉄道というツールによって、檄文、宣言文、新聞、掲示などの近代的印刷文化が運動手段として活用され、ソウルから地方へ、また地方における模倣という形で運動が伝播していったととらえるのである。農村部における示威の基盤が民衆固有の自律的世界に求める趙の見解とは明らかに異なることがわかる。そして、尹は農村部におけるナショナリズムについて次のように述べるのである。

　　　自治と伝統的規範が強制によって解体を強要されることで、むしろ抵抗のイデオロギーは伝統的規範と結合する様相を見せたりもす

るのである。このように抵抗の手段は全面的に近代文明を土台としたものであったにもかかわらず、抵抗の方式は共同体的対応が主要な部分を成していたという点を運動のパラドックスとして特徴づけることができる。ここに近代性を受容する特徴的な様相を発見できるだけでなく、朝鮮近代民族主義の原初論的特徴をよく確認することができる。[19]

そして、尹は三・一運動が大衆運動として、種族的・有機体的特性を帯びた民族主義を広範に拡散させたと結論付けるが、そのような近代的民族主義の民衆世界への拡散という論理は、趙の見解とは正反対の議論であることに気付くのである。近年の議論の言い回しを使えば、尹の「植民地近代（性）」論に対し、趙の「植民地近代（性）」論批判の構図が顕著に見てとれるのである[20]。

端的にいえば、民衆社会や行動パターンを「近代」からの距離においてとらえるやり方ということになろう。この点に関して、月脚達彦が興味深い指摘をしている。月脚は三・一運動へとつながる民衆の行動パターンの原型を民衆の国家への「一君万民」的関与であるとし、その基盤は開化期において、「甲午改革で示された君主権威の強化などを前提とし」、「さらに独立協会が形成してきた政治文化を背景にしながら成立した」「上からの一君万民」志向に基づくものであると指摘する[21]。これとても、「朝鮮における「一君万民」体制はやはり、甲午農民戦争を経て大韓帝国期においてこそ、下からの志向を梃子に皇帝の意志によって実現されようとした」[22]という趙の指摘と対抗することになる。ただ、月脚も独立協会によるこのような活動が民衆をそのまま取り込んだわけではなく、「国民」創出にかかわる「文明」の対極には民衆の反近代的志向の存続があったことを指摘しており[23]、その意味では趙の問題意識とも重なっている。以上のように、現在朝鮮の民衆世界に関するとらえ方については、見解が分かれているが、運動の性格を考えるうえで避けて通れない論点であると思われる。

近年、三・一運動の研究としては地域史的研究が盛んになっているが、とりわけ社会経済的要件に注目する傾向がある。すべての事例を挙げるわけにはいかないが、京畿道水原郡雨汀面花樹里での抗争（1919年4

月3日)では、雨汀面、長安面の住民約2000名が参加し、駐在所の破壊、全焼、日本人巡査の処断などがおこなわれたが、その背景にはその地域一帯で進行しつつあった干拓事業が影響していたという朴桓の指摘[24]を一例として挙げておきたい。

(2) 運動の基盤としての教育

上記のように運動の社会的基盤や構造という問題に注目するのは、上で提示された民衆社会論的視角ないしは地域史研究という枠組みが、三・一運動と教育について考える際にも、大きく関係してくるからである。三・一運動と教育という視点からまず想起されるのは在日朝鮮人留学生の行動であろう。しかし、もう少し地域史にねざした形で教育の関与という点を考えるとどうなるだろうか。

趙東杰は江原道を例にとりながら、三・一運動の組織的基盤としての教育機関の役割に注目している[25]。趙はその背景として、儒教的風土が厚く、儒教勢力の反日的態度として併合前後にマウルごとに書堂が設立されたこと、公立学校を媒介に新教育を通した民族主義思想の波及、三・一運動前における労働夜学の設立などを挙げる。事実、趙の集計によると普通学校生徒、私立学校生徒、書堂生徒が関わった示威の件数がそれぞれ3件、1件、7件数えられている[26]。江原道に限らず、学校が独立運動の基盤になったことは、有名な内部文書『(秘)騒擾と学校』(1920年)の存在のみならず、各地の独立運動団体が教育を重視していたことからもうかがい知れよう[27]。また、生徒が運動へ参加していたかも、当局側の資料によって逐一把握されている[28]。こうしてみても、運動の実態面において教育が直・間接的にかかわっていたことは間違いないのである。

もちろん、教育に注目する重要性は三・一運動がおこなわれているそのときだけではない。例えば、近代学校前史としての1910年代というとらえ方をしたとき、近年の研究がいくつかのアプローチの可能性を示してくれる。古川宣子は1920年に尹相泰という人物によって設立された慶尚北道達城郡の徳山学校について、尹相泰なる人物が1910年代から三・一運動時にかけて独立運動をおこなっていた人物であったことを明らかにしている[29]。古川自体はそこに深く言及しているわけではないが、人物論的アプローチから三・一運動前後の社会と教育という問題

を考える手掛かりを与えてくれる。また、板垣竜太は慶尚北道尚州での三・一運動について、関係者6名のうち4名が新教育を受け、うち2名がソウルの学校に在学していたとし、ソウルの動きが地方に広がる要因となったことを指摘する[30]。運動の伝播という意味では先の尹海東の視点ともつながるところがあり興味深い。しかし、これも一般化はできないようで、「江原道の三一運動は中央と有機的つながりを持っていなかったため、示威の際、独立宣言書を朗読したり、撒布する場合は多くなかった」[31]という趙東杰の指摘もあり、ソウルの運動の伝播状況に地域差があるということを逆に示唆するものでもある。このような地域差も含めて三・一運動の全体のなかに位置づけて考えていく必要があろうが、ここでは、教育、とりわけ三・一運動（前後）の学校の役割が、先にみた民衆生活や都市の運動との関係などといった議論と大きく関係してくるのであり、決して目新しい論点ではないが、ここに教育史研究が大きく貢献する余地があるのではないだろうか。

むすびにかえて

　以上、三・一運動に関わるさまざまな研究動向を紹介し、若干のコメントをおこなってきた。断っておきたいのは、すべての研究動向を網羅したわけではなく、「三・一運動とその前史としての1910年代」という筆者なりの問題関心に基づいて取捨選択、かつ要約したものである。よって、研究史全般の把握に際しては、各自原典に当たっていただきたい。また、筆者が歴史学を専攻する関係上、本稿は「教育史からみた三・一運動」ではなく、「三・一運動からみた教育（史）」という視点を採っており、よって叙述も教育問題が後景に退いていると感じられる読者もいるかもしれない。ただ、これは植民地期の教育問題をどのように植民地期朝鮮史の全体のなかに位置づけるかという筆者なりの課題意識に基づくものである。その意味で、教育史専攻の方々には物足りなさのようなものを感じさせることになるかもしれない。批判叱正を請う次第である。
　なお、シンポジウムでの報告の際は、「三・一運動前後史」を論ずる必要性ということで、本論部分に「三・一運動後の統治方針からみた連続と断絶」という項目で、史料分析をもとに試論を展開したが、この件に関しては、それだけで独立した論文を書かなければならないほど重要

な問題であり、ゆえに紙幅に限界があるという点、また本稿の論点を拡散させてしまう恐れがある点などから、今回は割愛した。別稿を用意することとしたい。

註
1) いささか挑発的にとられるかもしれないが、断片的事実をとらえ、それによってのみ全体化するというやり方は、歴史修正主義者たちの論法ときわめて酷似していると筆者は考えている。よって、これらの事実に代表される日本の弾圧の残虐性について、筆者はもとより否定するものではない。
2) 馬淵貞利「現代歴史学における三・一運動」『朝鮮史研究会論文集』第17集、1980年。
3) 同上論文、102頁。
4) 以下の整理は、長田彰文『日本の朝鮮統治と国際関係―朝鮮独立運動とアメリカ）1910-1922―』（平凡社、2005年）の記述に拠っている。
5) 同上書、95～120頁。
6) 以下の整理は、同上書、121～147頁の記述に拠っている。
7) ＊宮嶋博史「民族主義と文明主義―三・一運動に対する新たな理解のために―」『大東文化研究』第66集、2010年。＊は朝鮮語文献を示す。以下同じ。
8) 姜徳相編『現代史資料26 朝鮮（2）』みすず書房、1967年、54～55頁。
9) ＊権ボドゥレ「進化論の更生、人類の誕生―1910年代の認識論的転換と三・一運動―」＊成均館大学校東アジア学術院人文韓国事業団編『1919年―東アジア近代の新たな展開［三・一運動および五・四運動90周年記念国際学術会議］―』同事業団、ソウル、2009年。なおこの報告書の入手は、張瑛恩氏（成均館大学校）のご厚意による。ここに記して謝意を表したい。
10) 三木清「読書遍歴」『三木清全集』第1巻、岩波書店、1966年、389～390頁（初出は、『文芸』1941年6月～12月）。
11) ＊李光洙「我々の理想」『学之光』第14号、1917年、1頁。
12) ＊玄相允「李光洙君の「我々の理想」を読む」『学之光』第15号、1918年、56～57頁。
13) ＊李光洙前掲論文、3～4頁。
14) ＊玄相允前掲論文、56頁。
15) ＊李智媛『韓国近代文化思想史研究』慧眼、ソウル、2007年。
16) 同上書、135頁。
17) 趙景達『朝鮮民衆運動の展開―士の論理と救済思想―』岩波書店、2002年。
18) ＊尹海東「'武断'と'文化'の間―三・一運動と植民地近代（性）―」＊成均館大学校東アジア学術院人文韓国事業団編前掲書所収。
19) 同上論文、112頁。
20) 「植民地近代（性）論」のトピックについては、三ツ井崇「朝鮮」（日本植民地研究会編『日本植民地研究の現状と課題』アテネ社、2008年）で簡単に整理しておいたので、参照されたい。
21) 月脚達彦『朝鮮開化思想とナショナリズム―近代朝鮮の形成―』東京大学出版会、2009年。

22) 趙景達『異端の民衆反乱―東学と甲午農民戦争―』岩波書店、1998 年、387 頁。
23) 月脚達彦前掲書、207 頁。
24) ＊朴桓『京畿地域 3・1 独立運動史』図書出版先人、ソウル、2007 年、265 ～ 269 頁。
25) ＊趙東杰「三一運動の地方史的性格―江原道地方を中心に―」『歴史学報』第 47 輯、1970 年。
26) 同上論文、123 ～ 124 頁。
27) 例えば、西間島地域の扶民団（のちに韓族会）では、学校の設立、児童の教育と雑誌による「一般移住者ノ智識ヲ増進センコトニ努」めており、「新興学校」で「学生ヲ多数訓練」したとの事例がある（朝鮮軍参謀部密第 102 号其 887「秘朝特報第二三号　自大正八年三月至大正九年三月鴨緑江対岸方面ニ於ケル独立運動ノ概要」JACAR（アジア歴史資料センター）、Ref. C06031165500、大正 8 年乃至同 10 年共 7 冊其 6、朝鮮騒擾事件関係書類（密受第 102 号情報共 3 内其 3)、陸軍省（防衛省防衛研究所））。独立運動団体におけるこのような事例は枚挙にいとまがないと思われる。
28) 朝鮮総督府「騒擾事件報告旬報第二」JACAR（アジア歴史資料センター）、Ref.C08021482600、大正 8 年公文備考、巻 119、騒乱 1（防衛省防衛研究所）。1919 年 4 月時点での拘禁学生数と授業を休止した学校が明らかにされている。
29) 古川宣子「一九二〇年代大邱徳山学校―その教育実態と植民地教育行政―」『朝鮮史研究会論文集』第 45 集、2007 年。
30) 板垣竜太『朝鮮近代の歴史民族誌―慶北尚州の植民地経験―』明石書店、2008 年。
31) ＊趙東杰前掲論文、122 頁。

三・一独立運動後における台湾の
社会運動の発展について

陳　虹彣*

　1920年代の台湾人留学生による啓蒙運動団体の設立や雑誌の発行等一連の社会活動の背景には、民族自決主義の思潮や朝鮮の三・一運動、更には中国の五・四運動の影響があった。断片的な記述や議論しか資料として存在しなかったため、これまでの研究では、三・一運動と台湾における社会運動の発展の関係について直接論じるものは殆どなかった。三・一運動の影響の具体的な内容とは何だったのか？その活動の主役となる台湾人留学生は三・一運動の結果を通して何を学んだのか？そして、彼らは三・一運動後どのような行動を起こしたのか？本報告は上記の問題について、現在までに明らかとなっている断片資料をもとに、三・一運動後の東京在住台湾人留学生の活動に焦点を絞りつつ、まとめたものである。

1　三・一運動に関する台湾日日新報の記事

　1919年の三・一運動前後に発生した朝鮮での様々な出来事は、当時最大の発行部数を持つ新聞「台湾日日新報」においても報道されていた。2月上旬から在東京朝鮮学生・青年の行動とそれに対する警察の取調の状況が掲載され、3月2日から一日遅れで朝鮮李太王殿下の逝去が連日報道されていた。3月1日の「独立万歳事件」についての報道は3月4日に初めて掲載された。その内容は以下の通りである[1]。

●京城に暴動起る（三日門司発）
　今朝京城より来れる者の談に依れば暴動は主として京城に起り一日午

*平成女学院大学講師

後二時に鮮人基督教青年会員を始め**数百名の群集独立万歳**を叫びて市内を練り歩き途々**内地人商店に小石を投ずる**より警官之を制せんとしたるも**追々群集数千**に達せんとするより龍山の兵を繰出したるものにて**首魁は天道教の一味**にて直ちに捕縛され其他多数引致され一先づ静まりたるが**国葬日に又暴動するやも知れず警戒厳重なり**　（太字は原資料）

●**仁川も亦不穏の模様（三日門司発）**
　朝鮮仁川にては数日来不穏の模様ありしが遂に昨一日**某重大事件発生し龍山師団の兵多数急行**しつつありと今朝同地より帰来せる者語りたり

　この記事によれば、1919年3月1日の京城での出来事は朝鮮人基督教青年による暴動事件であり、その背後に天道教が民衆を煽動し、暴動の片棒を担いだこととなっている。その後、この事件に関する続報がないまま、二ヶ月後に次のような朝鮮の「民族自決運動」を批判した論説が掲載された[2]。以下はその内容を一部節録したものである

●**朝鮮民族の由来**
　▲日本民族と共に神の子孫　　文学博士　物集高見　述
　今回の朝鮮事件は原因多々ある如くであるが所謂民族自決なる米国大統領ウ井ルソン氏の発したる一の警語に依つて尠からず精神を動揺させた趣きが無いのでもない、民族自決、成程如何にも結構なることかも知れぬが朝鮮は一体自分の属する民族の如何なるものかを果して知つて居るのであらうか余は頗る疑はしいのである恐らく或は知らんのではあるまいか彼等は我が日本と同一民族であつたのが中途から別れて朝鮮民族と日本民族となつてと云ふ事実を知らぬのではあるまいかと思ふ、一体
　　　▲朝鮮の地は
　　　　　………（中略）………
　▲推知する事が出来るのである是等の事実を余は平壌其他に於て多くの朝鮮人に講演して聞かせたら大に喜んで居つた斯る事実を深く知らば民族自決など云うて種々なる運動等を為すべき筈はないのである故に余は総督府は沢山の講演者を出して朝鮮人に普く是等の事実を知らしむるやうにして貰ひたいものである、是れ同化政策を行ふに於て有力なる方

法の一であると思ふのである、今回は基督教徒の煽動も？〈ママ〉って力あるもの、如くに伝へられるが彼等の煽動は利害の上の煽動であるから以上の朝鮮民族の歴史を会得せば決して煽動に乗らない理由はないのである…（以下略）。

　台湾総督府の機関紙的存在でもある「台湾日日新報」においては、上述したような記事以外、朝鮮の万歳事件に関する報道は殆どなかった。台湾人民に伝わったのは台湾総督府によって選別された内容だけであった。

2　三・一運動前後の台湾社会運動状況
（1）1914年の台湾同化会について
　1914年12月20日、板垣退助が台湾を訪問したのをきっかけに、林献堂、蔡培火、蔡恵如らの主導で「台湾同化会」が設立された。この会の主な目的は日本人による台湾人への不平等待遇を取り除くことであったが、わずか二ヶ月間でその活動は組織自身の問題と総督府による圧制で終焉を迎えた。活動期間は短かったが、台湾同化会は植民地期における台湾政治・社会文化活動での最初の本格的な団体であった[3]。

（2）六三法撤廃をめぐる議論
　六三法の撤廃は元々在台日本人の主張である。呉密察の研究によれば、六三法によって台湾総督は台湾における特別立法権が与えられ、専制独断な統治状況は在台日本人にまで不利益が生じたため、日本統治初期から在台日本人小林勝民等は六三法撤廃の遊説活動を行ってきた[4]。六三法撤廃を支持する人は多く同化会の活動に参加していた。のちに台湾人留学生の活動に大きな影響力を持つ林献堂もその一人であった。
　1917年に林献堂と台湾留学生らとの会合で、林の秘書施家本が六三法撤廃の主張を提議し、その場で林献堂を会長とし、「六三法撤廃期成同盟」が設立されたのである。

3　三・一運動後台湾人留学生の意識と行動に現れる変化
（1）東京の台湾人留学生について[5]
　①　第一世界大戦後の民族運動思潮の影響：前述したように、台湾

現地では世界情勢に関する情報をはじめとする様々な知識が統制されていた。しかし、東京にいる台湾人留学生たちは大学での勉強や、専門の学者との付き合いを通し、新しい情報や思想に触れ、自然にそれらの影響を受けるようになったのであった。

　②　朝鮮や中国人留学生との交流：『台湾総督府警察沿革志』[6]によれば、東京の台湾人留学生を中心とする東京の台湾智識階級は、中国人と朝鮮人留学生の間に交流と提携があった。特に当時朝鮮人の民族自決運動、民族独立運動を目的とする啓蒙文化運動は、台湾人より遥かに前進していたため、台湾人留学生と朝鮮人の接触も次第に頻繁となっていた。

（2）三・一運動からの影響

　①台湾人留学生の民族自覚——社会運動の一員である葉栄鐘の発言

　葉栄鐘、1900年7月台湾鹿港生まれ、少年時期に二度林献堂の援助で東京へ留学した。三・一運動が起きた当時も東京に滞在していた。葉曰く、台湾の民族運動は東京の台湾人留学生抜きでは語られない。彼の『日拠下台湾政治社会運動史　上』には、台湾留学生の民族的自覚を刺激した原因を以下の四点にまとめられている[7]。

　A　中国辛亥革命の成功：台湾人留学生には「同胞」の意識は強いが、「祖国」の観念はなかった。辛亥革命の成功により、「祖国」への思いも強められた。

　B　民族自決主義の影響：台湾留学生は民族自決に憧れがあるが、表には出せなかった。

　C　日本民本主義の影響：当時の東京帝大教授吉野作造など、民主主義派学者からの影響。

　D　朝鮮独立運動の刺激。

　三・一運動は失敗に終わったが、台湾留学生への衝撃は大きかったという。葉によれば、植民地統治の年数からみると、台湾は朝鮮より長かったのに、政治、財政、教育などの各方面の発展や待遇は朝鮮のほうが上だった。その朝鮮が世界が注目するような大事件を起こしたことに、台湾人留学生が衝撃を感じるのがごく自然なことだと、葉はいう。

　上述のように、台湾の留学生は思想面では刺激を受けたが、実際の行

動へ移すのに、まだ三つの不足点が残されているとも葉は指摘した。一つ目は、台湾留学生は台湾の情勢に対する理解が足りない。二つ目は経済的な支援。三つ目は強いリーダーシップを発揮できるリーダーの存在である。

②「六三法」撤廃運動から台湾議会設置へ──陳翠蓮の研究による

前述した林献堂を始めとする六三法撤廃を支持する派に対し、六三法撤廃運動の中止を主張する声も存在していた。後日、台湾留学生による最初の社会運動出版物『台湾青年』の編集者の一人林呈禄がそうであった。明治大学出身の林呈禄は、六三法を撤廃することは台湾の特殊性を否定するのと等しく、逆に日本の内地延長主義を認めることとなる。よって、彼は六三法の撤廃より、台湾特別議会の設置は台湾の特殊性を強調できると主張した。

1920年に韓国親日派政客閔元植（ミンウォンシク）は東京ステーションホテルで暗殺された。閔元植は韓国国民協会のリーダーであり、当時は朝鮮総督府政令の撤廃を提唱し、日本の帝国議会に対して参政権の付与を求めていた。言い換えれば、内地延長主義を受け入れるとの事である。しかし、閔元植の目的は台湾の六三法撤廃運動と同じなのに、彼は自分の同胞に暗殺された。このような結果は台湾留学生の六三法撤廃に対する興味を失わせた。また、当時の台湾留学生や青年たちだけの力では、台湾総督府の勢力に匹敵できないことが事実であり、台湾民衆の間の共同認識もまだ築かれていなかったため、「台湾完全自治」という主張を放棄し、自治主義の中最も重要な「民選議会」の設置運動へと方向転換するのが妥当だという判断がなされたのであった[8]。

③台湾の台湾議会設置請願運動と朝鮮の主張の違い──若林正丈の分析[9]

A　若林：台湾議会設置請願運動は、「米騒動以後いっそうの社会的ひろがりをみせた大正デモクラシー運動の昂頭とこれを背景とした政党の本国権力中枢への上昇、および朝鮮運動の衝撃とを契機とする植民地支配体制の手なおしの進行する状況の下で開始されたものであった[10]」。

B　朝鮮の三・一運動は民族独立を求める運動である。衆議院選挙法

の朝鮮実施を要求することによって、朝鮮人民の中央参政権が求められたのであった。これに対し、台湾の台湾議会設置運動は「自治」を求め、自治主義の中最も重要な「民選議会」の設置が主な目的であった。

4 台湾人留学生による「文化抵抗」

葉栄鐘によれば、「台湾議会設置運動、台湾文化協会と『台湾青年』雑誌は台湾の非武力抗日の三大主力である」[11]。その中、雑誌『台湾青年』（後の雑誌『台湾』、『台湾民報』、『台湾新民報』）は文化宣伝の役割を担っている。留学生などの台湾知識人が主導する社会運動において、当時台湾民衆の文化レベルの不足が十分に認識され、活動の内容と方向も台湾人の文化程度を上げることを重視していた。

（1）雑誌『台湾青年』の創刊とその沿革[12]

雑誌『台湾青年』は1920年7月に創刊され、主な編集担当者は林呈禄、蔡培火、彭華英など三人である。その後、創立当時のメンバー達の卒業に伴い、「青年」の文字を取り除き、1922年4月から雑誌『台湾』へと改題した。『台湾青年』と『台湾』は共に漢文と日本語を半々の形を取っていたが、読者は殆ど高級知識人であり、発行部数は3000部を超えなかった。

台湾本島での文化運動の展開に伴い、一般民衆への読者層拡大を実現するために、白話漢文の『台湾民報』が刊行された。その後、『台湾』は1924年6月に停刊され、台湾雑誌社株式会社も台湾民報社株式会社へと改名された。1926年の時点では、『台湾民報』の発行部数は2万部を超え、台湾総督府に台湾社会運動の総指導機関だと看做されていた。

（2）雑誌の内容について[13]

①『台湾青年』

▲知識人の思想や新しい論理を伝達するのが中心である。

▲政治：世界各殖民地の統治状況、植民政策、六三法問題に関する内容が多かった。

▲文化と教育：最初から台湾人の人格を尊重しない「同化政策」に反対し、総督府の愚民政策や差別についても指摘していた。

②『台湾』

▲実際の問題に着目し、日本の学界や政治界の論説を取り入れるよう

になった。
　▲政治：日本内地の学者や政治家の学説を引用し、植民地自治と台湾議会設置の理念を訴えていた。
　▲文化と教育：『台湾青年』と同じ方針である。
　③『台湾民報』
　▲報道の性格を持ち始め、台湾の社会現状に関心を持ち、読者層も拡大していった。
　▲政治：報道の記事が増え、世界各国の情勢や植民地の動き以外に、中国の政治状況についても積極的に関心を持っていた。また、政治運動と社会運度に合わせ、植民地自治、新聞言論の自由や内台平等などの議題についても触れていた。
　▲文化と教育：教育の普及を主張し、女子教育、農民教育、民衆教育の強化を訴える一方、迷信や古い慣習に反対し、清潔、衛生などの観念を宣伝する。
　④『台湾青年』、『台湾』、『台湾民報』が共通して強く訴えてきたのは、平等と人権の保障と不合理な社会制度を改革することである。特に男女平等と婦女の解放に関する議題が多く論じられていた。楊翠の研究によれば、当時婦女解放は民族解放と階級解放と並列し、社会運動の三大目標とされるほどであった[14]。

5　台湾人留学生（台湾の青年たち）が三・一運動から学んだこと

　（1）三・一運動に対する流血鎮圧への恐怖
　台湾総督府が台湾の武装抵抗に対して行った苛酷な鎮圧の記憶（1915年西来庵事件等）。日本国内に広まる「不逞鮮人」への軽蔑。
　（2）独立から自治へ：台湾の特殊性を強調する「台湾議会設置」へ。
　（3）非武力の抵抗：青年団体（東京）の設立、雑誌や出版物の刊行、台湾文化協会（台湾）の設立など。三・一運動以降の台湾社会運動の発展は台湾人民の意識改革を優先し、文化活動と相俟って台湾人民の自覚と尊厳を求めていた。

6　おわりに代えて——今回の発表を通じて

　今回の発表を通じて、これまで台湾総督府定の国語教科書について研究してきた発表者が、初めて「三・一運動」というテーマで、台湾の留学生や社会運動発展への影響を考えようとした。シンポジウム会場では中国との関連性の議論が欠如している等、厳しい意見もあったが、様々な刺激を受けることができ、この経験を今後の研究に活かして生きたいと思う。

註

1)　「台湾日日新報」、1919（大正 8）年 3 月 4 日、6720 号、七版。
2)　「台湾日日新報」、1919（大正 8）年 5 月 9 日、6785 号、三版。
3)　台湾総督府警務局編、『台湾総督府警察沿革志Ⅲ台湾社会運動史㊙　復刻版（昭和八－十九年)』（1986.9.30)、東京：緑陰書房、p.13。
4)　陳翠蓮、『台湾人的抵抗與認同 1920 － 1950』（2008.8)、台湾：遠流、p.42
5)　台湾総督府警務局編、『台湾総督府警察沿革志Ⅲ台湾社会運動史㊙　復刻版（昭和八－十九年)』（1986.9.30)、東京：緑陰書房、p.23。
6)　同上、pp.24 ～ 25
7)　葉栄鐘、『日拠下台湾政治社会運動史　上』（2000)、台湾：晨星出版、pp.98 ～ 103
8)　陳翠蓮、『台湾人的抵抗與認同 1920 － 1950』（2008.8)、台湾：遠流、pp.42 ～ 43。1920 年 12 月、台湾留学生たちが設立した青年団体「新民会」の会合で、林献堂は六三法撤廃支持派と中止派の両方の意見を聞いた後、台湾議会設置請願運動を今後共同の運動目標だと決断した。
9)　若林正丈、『台湾抗日運動史研究』（1983)、東京：研文出版、pp.20 ～ 22。
10)　同上、pp.19 ～ 20。
11)　葉栄鐘、『日拠下台湾政治社会運動史　上』（2000)、台湾：晨星出版、pp.88 ～ 89。
12)　陳翠蓮、『台湾人的抵抗與認同 1920 － 1950』（2008.8)、台湾：遠流、pp.90 ～ 93。台湾総督府警務局編、『台湾総督府警察沿革志Ⅲ台湾社会運動史㊙　復刻版（昭和八－十九年)』（1986.9.30)、東京：緑陰書房、p.29。
13)　同上、pp.108 ～ 110。
14)　楊翠、『日拠時期台湾婦女解放運動——以台湾民報為分析場域（1920 － 1932)』（1993)、台北：時報文化。

【参考文献】

若林正丈、『台湾抗日運動史研究』(1983)、東京：研文出版。
若林正丈、「台湾抗日ナショナリズムの問題状況・再考」(1984)、『教養学科紀要』(通号17)、pp.85～97。
楊翠、『日拠時期台湾婦女解放運動――以台湾民報為分析場域（1920－1932）』(1993)、台北：時報文化。
陳翠蓮、『台湾人的抵抗與認同1920－1950』(2008.8)、台湾：遠流。
葉榮鐘、『日拠下台湾政治社会運動史　上』(2000)、台湾：晨星出版。
葉榮鐘、『日拠下台湾政治社会運動史　下』(2000)、台湾：晨星出版
台湾総督府警務局編、『台湾総督府警察沿革志Ⅲ台湾社会運動史㊹　復刻版（昭和八-十九年）』(1986.9.30)、東京：緑陰書房。原題：『台湾総督府警察沿革誌第二編　領台以後の治安状況（中巻）台湾社会運動史』、台湾総督府警務局編。
王詩琅訳注、『台湾総督府警察沿革誌第二編（中巻）　台湾社会運動史　文化運動』(1988)、台湾：稲郷出版社。
陳慈玉（小林元裕訳）、「植民地期から戦後における台湾の社会運動史研究について」(2008)、『年報日本現代史』(13)、現代史料出版、pp.241～259。
紀旭峰、「大正期台湾人「内地留学生」と近代台湾‒‒早稲田大学専門部政治経済科を中心として」(2008.10)、『アジア太平洋研究科論集』(16)、pp.1～17。
上沼八郎、「日本統治下における台湾留学生‒‒同化政策と留学生問題の展望」(1978.03)、『国立教育研究所紀要』(通号94)、pp.133～157。
佐藤由美・渡部宗助、「戦前の台湾・朝鮮留学生に関する統計資料について」、『植民地教育体験の記憶』(2005)、植民地教育史研究会。
佐藤由美・渡部宗助、「戦前の台湾・朝鮮からの留学生年表」、『植民地国家の国語と地理』(2006)、植民地教育史研究会。

澤柳政太郎のアジア認識
――朝鮮統治＝植民地教育論を中心にして――

松浦　勉*

はじめに

　筆者の課題は、「植民地教育研究にとって"三・一独立運動"とは」の共通テーマについて、「日本研究」の視座からアプローチすることである。しかし、ここには二つの困難がある。一つには、こうした課題を個別に追究した研究の蓄積はほとんどない(といってよい)。唯一の例外は、『澤柳政太郎全集』全11巻（国土社、1975～1979年）の＜別巻＞に収載された小沢有作の論考「澤柳政太郎の植民地教育観」である[1]。もちろん、こうした事情は必ずしも教育の歴史研究に限らない。そして、本研究会をはじめとする個別の関連学会が設立された後も基本的な事情は変わっていない。また、植民地主義を継続させている現代日本の社会では、とくに1990年代以降、日本の戦争責任と植民地支配責任が内外できびしく問われているにもかかわらず、日本の教育史学(関連学会)の反応・応答は鈍い。

　もう一つには、当該期の日本の教育と教育学の担い手たちの社会的存在形態にかかわる事情がある。第1次世界大戦下の＜植民地帝国＞日本の植民地・他民族支配の矛盾の爆発となった、朝鮮の民衆による民族をあげての三・一独立運動について、それが激発する前後の時期に言及ないし応答・発信した教員と教育学者はほとんどいない。彼・かの女らは総じて、朝鮮の民衆の教育要求や独立運動に真正面から応答・発信しうる主体的な思想的能力と社会認識を欠いていた。言論界で活躍した知識人一般のなかで、「デモクラシー」の思潮を代表する知識人の多くも、全体として沈黙をまもった[2]。こうしたなかで、三・一独立運動にほと

＊八戸工業大学

んど唯一の例外として言及したのが澤柳政太郎である。
　こうした事情を考慮して、ここでは文部省普通学務局長・文部次官として「天皇制教育の制度と内容にわたる、全構造の整備に努力を傾注[3]」した「高級」文部官僚から「民間」教育運動、教育改造運動のオピニオンリーダーに転身した澤柳政太郎の朝鮮統治＝植民地教育論を検討することで、課題に替えたい。澤柳政太郎研究は一定のモノグラフイーを積み上げ、リベラルな「大正自由教育」・「新教育」のチャンピオンとしての澤柳政太郎像を紡ぎだしてきた。しかし、本稿が描き出す澤柳政太郎像は、従来の一面的な澤柳研究が紡ぎだしてきた澤柳像とは対照的に異なる。したがって、澤柳政太郎の実像を描き出すための研究方法として二つの分析視角をとる。第１は、岡本真希子が「植民地期の政治史を描く視角」にかかわる「喫緊の課題」として提起している、「本国―植民地を切り結ぶ『帝国日本』の政治構造の課題[4]」を意識して、澤柳の朝鮮統治＝植民地教育論に肉薄する方法的視点である。第２の視点は、小沢有作著『民族教育論』（明治図書、1967年）の書評のなかで中野光が提起した、「大正自由教育」＝「新教育」運動の担い手たちにとっては、「朝鮮認識こそ民主主義思想を検証するリトマス試験紙である[5]」という視点である。これは、澤柳の朝鮮統治・植民地教育論を分析する方法的視点としても有効であろう。
　ここでは、三・一独立運動が、筆者の守備範囲を含む日本の近代教育史研究総体にどのような課題をつきつけているのか、ということに留意したうえで、「日本における植民地教育史研究の、孤独な先駆者[6]」とも呼ばれた本会の初代代表を務めた小沢有作(東京都立大学)の先行研究をふまえ、これを越えるなにがしかの新たな知見を提起してみたい。

Ｉ　帝国主義者としての沢柳政太郎

　まず、澤柳政太郎が三・一独立運動に言及した論稿「拾五年を顧みて」（雑誌『小学校』1920年）の関係箇所を引用しよう。

　　　［日露戦争に―松浦、以下、同様］つゞいて大なる事件は……日韓併合である。……〔中略〕……千五百萬か二千萬と云ふ韓民族が我が国家をなす一部となつた。……併合の詔書を見るも一視同仁の趣

旨を以て合同されたのである、それ故に歐洲諸國の新に領土を獲得した様なものとは全く其の性質を異にして居る。彼に於ては植民地か屬國として新領土を拡張したものであるけれども、日韓併合は其れとは全く性質を異にして居るのである。此の日韓併合の大精神は遺憾ながら[朝鮮人に]十分領解されずに今日に至つて居る。それ故に昨年[1919「大正8」年]の三月には獨立の運動（三・一独立運動のこと―松浦、以下、同様）起こり、爾来朝鮮統治については、朝野頭を痛めて居る次第である。之れは将来日本にとつて極めて重大なる問題であつて教育上から考へても、此の事件は余程深く考究して見る必要があるのである[7]。

　澤柳政太郎は、帝国教育会編刊『帝国教育会五十年史』（1933年）が「帝国教育会に立籠もり、民間教育界の総指揮者として、その卓越ぶりと、非凡の精力を示[8]」したと評価する、この時代の日本の教育界を代表する人物の一人である。上記の資料からは、朝鮮民衆の独立・示威運動が、澤柳に植民地帝国日本の体制的な危機意識とそれを梃子とする植民地教育制度の改革の必要を痛感させるほどの大きな衝撃を与えたことが分かる。同様にして、朝鮮に君臨した陸海軍大将の朝鮮総督や天皇制官僚、権力中枢の政治指導者と共通する、澤柳の支配的なアジア認識の核となる侮蔑的な朝鮮認識を読みとることができよう。
　澤柳政太郎は、「民間教育界の総指揮者」として教育界に帝国主義的な植民地支配の正統性と支配民族としての気概を説き、教育界への朝鮮蔑視の世論形成と政策提言のための時論を繰り返し発表していただけではない。澤柳は「朝鮮臨時教育調査会」の委員として、1921年から翌年にかけて朝鮮総督府主導のもとにすすめられた第一次朝鮮教育令の改正作業に直接かかわった。これは小沢有作がもう四半世紀以上も前に解明した貴重な事実である[9]。朝鮮総督府の機関誌である『朝鮮』（1922年3月）に掲載された澤柳の植民地教育政策論稿「共学問題」から関連する箇所を引用しよう。

　　……仮令同一の学校に於て共に教育を受けるといつても、内地人は内地人の特色を保ち、朝鮮人は朝鮮人の特色を維持して差し支え

ないのみならず、……其処に取扱ひの上に多少の差異あるといふことの如きは些しも厭ふべきではない。……〔中略〕……乍併其の多少の困難と云ふものも、一方に大いなる利益があるとしたならば勿論忍ばなければならぬと思ふ。其の大いなる利益と云ふのは直接にいつたならば今日能く唱へられるところの内鮮の融和と云ふ大目的の為に共学は必要である、更に大きくいつたならば四海同胞主義、人類相愛主義の実現の為に先ず以て内鮮人の融和を図り、其の手段として共学を行ふが如きは斯う云ふ大いなる意味が含まれて居るのである[10]。

「武断政治」から「文化政治」への外形的な朝鮮統治理念の転換を余儀なくされた天皇制国家は、原敬首相の主導のもとに「内地延長主義」を新しい統治方針と施策にかかげ、「内鮮融和」を図った。澤柳は、朝鮮総督府の統治原理となる同化主義を前提とする「内鮮融和」を達成するための教育方策として、日本人の子どもたちと朝鮮の子どもたちの「共学」の必要を提言し、植民地法制的にそれを実現させた。「内鮮融和」とは、朝鮮民衆が全体として独立や自治への意思と意欲を喪失し、日本の支配に従順に服することを意味した。

朝鮮総督府内では「共学」制度には有力な反対があったといわれるが、最近の研究によれば、澤柳に先行して、三・一独立運動を国際環境の変化にともなう「免レ難キ趨勢」ととらえた植民地経済官僚(度支部長官)の鈴木 穆が、朝鮮への参政権付与などとともに、「内鮮混合教育」の実施をもとめる「改革意見」を提出していた[11]。新総督斎藤実の着任にともなう1919年8月の官制改革で廃官となり、鈴木が朝鮮銀行に転出するにあたって提出されたこの意見書の「七、教育制度ヲ改正スルコト」では、「内鮮人混合教育ヲ主義トナサハ、相互ノ理解及ビ国民性ノ融和上裨益スル所、鮮少ナラサルヘシ」として、澤柳の「共学」制度構想と類似の提案がおこなわれていたのである。

II 澤柳政太郎の朝鮮統治＝植民地教育論の特徴とイデオロギー的性格

つぎに、澤柳政太郎の朝鮮統治＝植民地育論の特徴とイデオロギー

的性格を考察しよう。三・一独立運動に言及した前述の澤柳政太郎「拾五年を顧みて」からの引用が示すように、澤柳の帝国主義的な他民族支配の朝鮮統治＝植民地教育論が非合理で不当であることからすれば、それらが総じてイデオロギー的な性格を強く帯びることは必然であろう。

1）「日韓併合の大精神」についての朝鮮人の理解がたりないから三・一独立運動がおこったという原因分析

まず、澤柳政太郎の三・一独立運動の原因分析そのものが欺瞞的であることは明白である。第１次世界大戦の開始により、帝国主義の世界体制の危機の一環として列強の植民地支配秩序が動揺し、東欧やロシアでは君主制が崩壊する事態が起こるなど、三・一独立運動を惹き起こした日本の朝鮮統治に対しても澤柳が体制的な危機意識をつのらせ、増幅させる要因は十分にあった。ところが、澤柳はそれを封印し、独立・示威運動にたちあがった農民や労働者、学生をはじめとする朝鮮民衆の主体性と自立性を一切認めない。この点では、日本の植民地支配を前提とする「帝国改造」の試みとして軍隊と憲兵警察中心の武断政治を批判した「大正デモクラット」吉野作造などともスタンスを異にしいる。

2）朝鮮社会と民衆に対する一貫した「侮蔑・偏見・マイナス評価」

また、「武断政治」の基本理念を示し明治天皇睦仁の「韓国併合ニ関スル詔書」を植民地としての朝鮮統治の根本理念と考える澤柳の把握のなかには、「一視同仁の趣旨」という＜天皇の赤子＞としての平等論を筆頭にして、いくつもの虚偽と欺瞞がある。その最たるものが、澤柳の朝鮮に対する一貫した「侮蔑・偏見・マイナス評価」である。澤柳は「韓国併合」前後の時期には、すでに自身が内面化し、日本の民衆をもとらえつつあった朝鮮蔑視観を露に表明していた。①「韓国民の宗教―憂慮すべき一問題」〔『退耕録』1909 年[12)]〕や②「韓国併合所感」〔1909 年『一ッ橋会雑誌』〕、③「朝鮮教育は日本語普及に全力を傾注すべし」〔1910年10月『帝国教育』[13)]〕などの諸論稿には、朝鮮社会と朝鮮人民への高慢な偏見と無知にもとづいた侮蔑意識とマイナス評価が貫かれている。

澤柳政太郎の朝鮮蔑視の集約的な表現となっているのは、後述する「朝鮮独立不能論」(小沢有作)である。②で日本と朝鮮の虚構の「同文同種」論を援用して日本の実質的な朝鮮支配を形式的に完成させた「韓国併合」が、「我等は彼の国のためにまたこれを賀せざるを得ざるなり[14]」という公式どおりの文言で正当化した澤柳は、論稿「今後に於ける国民の覚悟を論じて教育に及ぶ」(1914年―出典不明)において、地政学的な観点から「朝鮮半島は難渋なる位置にあるので、たといいかなる偉人がこれを治むるとも永久に独立を保つことは不可能である[15]」といって、日本による恒久的な植民地支配を正当化した。

3）朝鮮総督府の行政官僚と共有する、＜朝鮮＝植民地＞否定論

「韓民族が我が国家をなす一部」となったのは、「併合の詔書を見るも一視同仁の趣旨を以て合同された」ものであり、したがって「歐洲諸國の新に領土を獲得した様なものとは全く其の性質を異」にして、ヨーロッパ諸国が「植民地か屬国として新領土を拡張したもの」であるのに対して、日本による「日韓併合は其れとは全く性質を異にして居るのである。」という主張は、虚構の「同文同種」論と同様に、日本による「韓国併合」を正当化し、朝鮮民衆を「自発的に」日本の統治に服従させるための支配の論理として提示されたものである。日本には植民地・民族問題は存在しないというこの虚偽のイデオロギーは、例えば、日本による植民地支配の事実自体を否定する宇佐美勝夫（内省部長官）や小松 緑（中枢院書記官長）らの朝鮮総督府官僚の議論にもあらわれており、「民族自決権」を承認する欧米やソビエトの思想的影響から朝鮮民衆を引き離すためのタテマエにすぎない[16]。

4）山縣有朋の朝鮮侵略の「外交政略論」(1890年) を継承する
　　　澤柳の朝鮮政略論

澤柳政太郎の＜朝鮮＝植民地＞否定論がタテマエに過ぎない欺瞞的なものであることは、澤柳自身が見事に証明している。前出の論稿「今後に於ける国民の覚悟を論じて教育に及ぶ」は、朝鮮人民の独立不能論を展開しただけでなく、中国語にも翻訳され、配布された論稿「日華共存論」(1919年8月) とならんで、澤柳が構想する日本の対外的な膨張

主義の政略論である。澤柳は論稿「今後に於ける国民の覚悟を論じて教育に及ぶ」(1914年)で、朝鮮人民の独立不能論を根拠にして、朝鮮「半島が独立を保ち得ずして他国の勢力範囲となることとなれば、我が日本もまた完全なる独立を保つことはできない」、したがって「地勢上の関係に於いて、日本が完全なる独立を保つ為に、是非我[植民地帝国日本の]勢力範囲に収めねばならなぬ」[17]といって、自分の「韓国併合」の正当化の議論が後知恵に過ぎないことを率直に認めていた。同様にして、論稿「日華共存論」では、＜自衛のためにのみ、日韓併合を論ず＞という節を立てて、これまた朝鮮への蔑視・偏見・マイナス評価の極めつけとして「朝鮮の事大思想は到底独立の国家を建設せしめぬ」と断定したうえで、「朝鮮半島は日本の心臓に突きつけられたピストルである[18]」と、一方的に朝鮮半島を政略的に位置づけ、日本の朝鮮支配の根拠を「自存自衛」にもとめた。

これは、「韓国併合」の立役者となり、朝鮮を「兵営半島化[19]」した桂太郎首相の後ろ盾となっていた山縣有朋の「外交政略論」(1890年3月)の対外拡張路線を継承する澤柳の朝鮮政略論となっているといってよい[20]。

5)「内鮮同化」論から「内鮮融和」論へ
―澤柳政太郎の朝鮮人差別撤廃論―

權泰檍によれば、澤柳政太郎は三・一独立運動が激発する2年も前の段階で、朝鮮総督府機関紙『毎日申報』(1917.9.24) に時論「日鮮同化について」を書き、このなかで澤柳は「日韓併合」は朝鮮人にとっては"名誉"で"祝福すべきもの"だという文脈において、「内地人は朝鮮を征服したように思い、朝鮮人が内地人に屈服したように思うことは誤解」であると主張した[21]。この1年余り前に発表された論稿「新領土に対する附支那人に対する態度」(『帝国教育』1916年7月)でも、朝鮮や台湾、南樺太などの新規に編入された「住民」も帝国臣民であり、「上御一人より見れば、等しく赤子であり、……等しく同胞である」のだから、「軽侮して劣等人種の如く見做すのは其の理由をみない[22]」と強弁した。＜天皇の赤子＞としての平等の観点からであっても、日本人の朝鮮人に対する侮蔑と差別に「理由」がないというのは欺瞞である。

同じ帝国臣民だというのに、朝鮮や台湾の諸民族が要求する帝国憲法も施行されず、衆議院議員選挙制度も、義務教育制度も実施されていないという明白な法制度的な差別の存在を不問に付しているからである。

なによりも、澤柳の「差別」撤廃論はそれ自体が目的なのではない。澤柳が「先ず第一に朝鮮人に対する軽侮の年を全然除かなければならない」というのは、一つには、「若し内地人が此[差別]思想を変更せざる時は、所謂朝鮮の同化の如きは、其の実現を期することは出来ない[23]」からであって、オルタナティヴな帝国のあり方を考える吉野作造のような同化主義批判とは文脈を異にしていた。もう一つには、日本がすでに支配している「新領土以外に大いに発展する抱負があるならば、速やかに新領土を同化し、これを足溜りとして前進する必要がある」からであった。「いつ迄も威力を以て圧服せんとしたならば、朝鮮人如何に微弱であると云っても、……日本は常にこれに向かって警戒を加えて居なければなら」ず、これが「日本が益々発展せんとする妨害」となるといのが澤柳の判断である[24]。

6) 原敬政友会内閣の植民地統治の新機軸としての「内地延長主義」路線＝「内鮮融和」策としての「共学」論

それでは、小西重直（京都大学）とともに「朝鮮臨時教育調査会」の委員となった澤柳の「共学」教育制度論は、「同化」を前提にして「教育は朝鮮問題の根本的解決の鍵[25]」と考える澤柳にとっては、どのような意味と性格をもつものであったのであろうか。

前述の澤柳の小論「共学問題」引用文の下線部がしめすように、二重の意味で「内鮮の融和」の意義が強調されていることがポイントとなる。澤柳が前段の「内鮮の融和と云ふ大目的の為に共学は必要である」というとき、その意図と内実を考える手がかりは、澤柳が、三・一運動が発生する半年余り前に「生きんがために」（布施辰治）はじまった「米騒動」への大量参加の事実をバネにして解放への気運を高め、公然と差別撤廃をもとめる自主的な解放運動に立ち上がっていくことになる被差別部落の民衆に対する体制的危機意識をつのらせ、書いた被差別部落対策教育論がある[26]。「貧富貴賤を問わず、其子弟を同一の小学校に於いて同一の教育を受けしめる」ことで、現実の日本の資本主義社会におけ

る物質的な根拠を不問にして、小学校教育によって被差別部落民衆の「社会的反感」を取り除くための施策であり、後続の部落解放運動＝水平運動対策としての「融和教育」の論理を先取りするものであった。したがって、澤柳政太郎の「内鮮融和」のための「共学」教育制度論は、国内の被差別部落の民衆に対する「融和」教育施策が朝鮮民衆に対する「内鮮融和」路線に援用されたものと把握できる。前述の差別撤廃論はそのための糊塗策である。

　後段は、澤柳が「共学」教育制度を単に「内鮮融和」のためではなく、その先決目標となる「四海同胞主義、人類相愛主義の実現の為に」こそ必要なのだと主張している問題である。これは、第二次朝鮮教育令にもとづく「共学」教育制度を、「人道主義」と「四海同胞主義」の視点から澤柳が単純に称揚・賛美したものではない。つまり、1915年1月16日に大隈重信内閣の加藤高明外相が中国の袁世凱大総統に対して、中国に大きな衝撃を与える21か条におよぶ膨大かつ強硬な帝国主義的な要求を提出したことにはじまった中国の「排日」運動の帰趨にも危機感をつのらせていた澤柳は、「内鮮融和」を、中国をめぐるアジア戦略論の一環として位置づけたのである。「東洋主義」「文化的汎亜細亜主義」をキー概念とする澤柳の中国論の基本線は、日本が盟主となって、自立できない他のアジア諸国を指導するという独善的なアジア主義の対外膨張主義である[27]。澤柳は朝鮮をはじめとする植民地を土台にして、このような植民地帝国日本の中国、そしてアジア全域への膨張を展望しながら朝鮮の教育制度を論じ、その制度設計にとりくんだのである。

おわりに

　帝国教育会を拠点にして「民間教育界の総指揮者」として示した「卓越ぶりと、非凡の精力」は、当然これまで考察してきた朝鮮統治＝植民地教育をめぐる澤柳の思想と行動でも発揮されたのである。したがって、「リベラルな」民間教育運動、教育改造運動のオピニオンリーダーとしての澤柳政太郎像は、実像とは無縁であろう。澤柳は「官の立場」と「民間の立場」でもオピニオンリーダーでありつづけたと把握する田嶋一のように、前者から後者への澤柳の「転身には日本の将来についてのきわめて現実的な時代認識と豊かな国際感覚に裏打ちされたストラ

テジーがあった[28]」と把握・評価することはできない。

また、澤柳の教育思想のなかに「帝国主義の他民族支配の思想」と「時の政治支配層と全く同質の朝鮮認識の構造[29]」を読みとった小沢有作が、それを「時代的な制約」とか「時代的な限界[30]」と把握することにも無理がある。小沢の分析自体がその反証となっている。「共学」教育制度にしても、植民地経済官僚の鈴木穆が提案した「内鮮混合教育」構想は、思想的にも支配の実効性の点でも澤柳のそれを越えていた。また、帝国日本を批判した、在日留学経験をもつ中国の李大釗のアジア主義は、澤柳とは対照的に異なり、二十一か条要求に始まる日本のアジア侵略の思想と行動を批判するアジア主義であった[31]。同様にして、趙景達によれば、三・一独立運動以降の朝鮮社会では、日本の近代化路線の終着点となる「大東亜共栄圏」建設構想に帰着するような、日本による実質的なアジア支配の完結を意味する、澤柳の「共学問題」のめざす「四海同胞主義、人類相愛主義の実現」という侵略主義的なアジア主義は、批判の対象でしかなくなっていた[32]。

註
1) 近年の成果として、この小沢有作論考に依拠して、1920年代日本の優生学論議とのかかわりで、澤柳の植民地教育論と成城小学校の教育実践を統一的に把握する試論を行った成果に、藤川信夫「澤柳教育学における日本人種の遺伝学的優秀性の事後的構成」(同編『教育学における優生思想の展開―歴史と展望―』勉誠出版、2008年)がある。
2) 姜東鎮『日本言論界と朝鮮』法政大学出版会、1984年。ただし、三・一独立運動について社会的に積極的に発言した代表的な「大正デモクラット」の知識人として、吉野作造がいる。近年、「帝国改造」や「多文化帝国」などの概念を提起して吉野作造研究の新しい地平を切り拓いているものに、平野敬和の研究とそれに依拠した米谷匡史の成果(『アジア/日本』岩波書店、2006年など)があるが、宮崎滔天や石橋湛山の急進的な植民地放棄論とは明確に異なる吉野の「帝国改造論」＝「民本主義」を、「帝国主義の枠内」にとどまらない積極的な内容を含むものとして把握・評価しており、批判的な検討を加える必要があるが、別の機会に論じたい。
3) 花井信「教育改革運動の展開」(森川輝紀ほか『学校と教師の歴史』川島書店、1979年)98頁。
4) 岡本真希子「植民地期の政治史を描く視角について―体制の内と外、そして『帝国日本』―」(『思想』No.1029、2010年1月)131頁。
5) 日本教育学会誌『教育学研究』36-3、1969年9月。
6) 片桐芳雄「コロニアリズムと教育学」(教育思想史学会誌『近代教育フォーラム』No.12、2003年)36頁

7) 『澤柳政太郎全集』第 8 巻、478 頁。
8) 帝国教育会編『帝国教育会五十年史』（1933 年）169 頁。
9) 小沢有作、前掲「澤柳政太郎の植民地教育観」、209 頁、214 ～ 216 頁。
10) 『澤柳政太郎全集』第 3 巻、434 ～ 435 頁。
11) 三谷憲正「朝鮮総督府官僚・鈴木 穆―その軌跡とメンタリティーをめぐって―」(松田利彦・やまだあつし『日本の朝鮮・台湾支配と植民地官僚』(思文閣出版、2009 年) 410 ～ 412 頁。
12) 『澤柳政太郎全集』第 10 巻、122 頁。
13) 14) 澤柳政太郎全集』第 9 巻、178 頁、179 頁。
15) 『澤柳政太郎全集』第 8 巻、349 頁。
16) 權 泰檍「1910 年代　朝鮮総督府の植民地統治と『文明化論』」(2004 年 8 月『日韓歴史共同研究第 7 回シンポジウム報告』一橋大学）。
17) 『澤柳政太郎全集』第 8 巻、349 頁。
18) 『澤柳政太郎全集』第 9 巻、314 ～ 315 頁。
19) 趙 景達「武断政治と朝鮮民衆」(『思想』No.1029、2010 年 1 月）84 頁。
20) 安川寿之輔『福沢諭吉のアジア認識』（高文研、2000 年）136 ～ 139 頁。
21) 權 泰檍、前掲「1910 年代 朝鮮総督府の植民地統治と『文明化論』」47 頁。
22) 『澤柳政太郎全集』第 9 巻、187 頁。
23) 24) 『澤柳政太郎全集』第 9 巻、187 頁。
25) これは、澤柳が総督府学務課長で「朝鮮臨時教育調査会」の事務局を担当した弓削幸太郎宛に書き送った礼状のなかで述べた文言である。小沢有作、前掲「澤柳政太郎の植民地教育観」、214 ～ 215 頁。
26) 筆者稿「『大正自由教育』と被差別部落」（安川寿之輔編『日本近代教育と差別―部落問題の教育史的研究―』明石書店、1998 年）271 ～ 272 頁参照。
27) 小沢有作、前掲「澤柳政太郎の植民地教育観」、218 ～ 219 頁参照。
28) 田嶋 一「教師論・教師像の新たな展開と新教育運動―沢柳政太郎の場合（下）」(『国学院大学教育学研究室紀要』第 43 号、2008 年）、139 頁。
29) 30) 小沢有作、前掲「澤柳政太郎の植民地教育観」、216 頁、195 ～ 196 頁。
31) 32) 趙景達「日本 / 朝鮮におけるアジア主義の相克」(『情況』2007 年 3 －4 月）74 頁、73 頁、参照。

第12回研究大会シンポジウムのまとめ

植民地教育史研究にとって〝三・一独立運動〟とは
朝鮮・台湾・日本研究から

井上　薫*

　第12回研究大会シンポジウムは、2009年3月28日(土)午後、龍谷大学・大宮学舎（京都市）を会場とし、テーマを「植民地教育史研究にとって"三・一独立運動"とは」と題して行った。このテーマの選定については、2008年度末をもって任務を終えられた渡部宗助・IV期代表が、本研究会通信である「植民地教育史研究」第28号（2009年2月25日発行）の巻頭で示されたように、①折しも、朝鮮における「三・一独立運動」から90年目であること、②私たち日本植民地教育史研究者にとって、「私たちの先輩、私たちの同胞はあの「三一」をどう受け止めたか」を鏡として、今日の時点であの「運動」をどう受け止めるべきか、を考えたい」ということ、③時代区分の指標として、ある意味「常識化」していることを問い直すこと、④研究の方法論にかかわる「運動史」研究の位置づけを再考すること、等を期待して設定された。

　シンポジストは、朝鮮研究から三ツ井崇氏、台湾研究から陳虹彣氏、日本研究から松浦勉氏が、それぞれ提言され、続いて廣川淑子氏がコーディネータの役を務められた。人選は②の関係もあってメンバー内から選ばれたが、どなたも「三・一独立運動」の専門家というわけではない関係上、報告・提言準備にはたいへんご苦労されたことと思う。

　報告の詳細はそれぞれの部分を参照していただきたく思うが、流れについては、「植民地教育史研究」第29号（2009年6月24日発行）の要旨報告により大まかにお伝えしたい。

　まず、三ツ井崇氏の「三・一独立運動前後史にみる「民族」―教育・文化の側面から―」は、近年の韓国における「民族」言説やこれまでの

＊釧路短期大学

研究成果の整理から提言を行った。具体的には、①近年、支配と抵抗が二項対立ではなく相互補完的であり、帝国・総督府への「協調」があることを暴露的に示す研究が目立つ中で、背後の権力との拮抗関係・緊張関係といった政治的要因を解明する研究が少ないこと、②民族主義を解体することが植民地権力という問題を後退化させてしまう問題などの指摘、③問題構造をとらえるため、「三・一運動」前後史、特に前史としての1910年代史の不可欠性、また④ウィルソンの「十四か条」提議を契機として見た時、新韓青年党（在中国朝鮮人）から始まった動きは、その過程で「前近代／近代的価値観が混合し、かつ「民族」観ないしは運動論的差異を含みこんだ形で展開された運動」となったと評価でき、⑤三・一運動後の統治方針から見たとき「三・一」は単なる転換ではなく、連続と断絶の要素をみることができるとして、多くの資料を提示しながら提言した。

　続いて、陳虹彣氏の「三・一独立運動後における台湾の社会運動の発展について」は、まず、『台湾日日新報』が三・一運動をどのように報道したのかを示した（五・四運動以前は3月4日に一度きり、五・四運動後の5月9日に朝鮮との関連記事が見られるだけ）。しかし、東京の台湾人留学生が朝鮮や中国人留学生らとの交流の中で「民族自覚」が起きていく。

　ところで、台湾総督が台湾における特別立法権を持たせた在台湾日本人の起こした「六三法」撤廃運動について、台湾では、これに同調して撤廃することが台湾の特殊性を否定すると解釈し、六三法の撤廃に反対し、台湾特別議会の設置で台湾の特殊性を強調しようとする動きが起こった。

　同時期の朝鮮で、朝鮮総督府令の撤廃を提唱し、日本の帝国議会への参政権を求める運動を進めていた閔元植が暗殺され、この事件を知った台湾留学生は六三法撤廃運動による「台湾完全自治」の主張を放棄し、「民選議会」設置運動へと方向転換する路線（台湾議会設置運動）を選択することになった。このように、以後、台湾人留学生は、非武力の抵抗である文化的抵抗の道を歩んだという関連性を提起した。

　3人目の松浦勉氏は「日本研究」の視座から2つのアプローチを試みた。1つは、「三・一独立運動に対して、日本の、教育学者を含めた知

識人や学校教員がどのように向きあったのか」ということ、もう1つは、「この問題を、『戦後』日本の教育史研究一般が、その研究成果の有無を含めて、どのように位置づけ、把握してきたのか」ということである。

1つ目については、澤柳政太郎の論説を取り上げ、小沢有作氏による評価とあわせて紹介した。結論としては、「ほとんど向き合っていなかった、あるいはまったく向きあってこなかった」ということ。文部行政批判さえもできないような教育学者や学校教員たちに、植民地支配の問題を云々することが何故にできるのであろうか。それが、現実・実態であった。ただ、そのことが子どもたちを通して我々の人間形成に何をどのように、負の遺産を作ってきたかを考えなくてはならない、と提起し、自分なりのテーマを追求してきたという。2つ目についても、「端的に言えば、日本には植民地支配の歴史も、他民族侵略の歴史も、部落差別の歴史も、アイヌ侵略も沖縄侵略の歴史も何もない」という具合に、細かなところで研究論文を作り上げてきたのではないかと論じた。

また、近代・現代の日本人の物の見方を作り上げる上で、中国・朝鮮の問題は天皇制の問題に負けず劣らず重要な位置を占めている。そういう意味でも、植民地の問題を脇に置いておくことはできないと提言した。

コーディネータの廣川淑子氏は、「三・一独立運動」90周年の韓国・ソウルで行われた5つの「三・一」に関するシンポジウムの動向を紹介し、特に、中国において五・四運動との関係で「三・一」が注目されるようになったという大きな変化について報告した。また、植民地化された国の内在的諸事情はあれども、外的なものとして、長きにわたる政治・軍事・文化的支配で踏みにじられてきたことに、どの国にも全力で対抗しようとしてきた事実があることの重要性を強調した。日本の場合、欧米植民地政策に追随し、ようやく「近代化」したということを再考すべきなのではないかとも提言した。

また、阪神淡路大震災で、アジアからの留学生が被災者のために活躍したが、ここに目をつぶるのは何故なのか。一人前の人として助ける、ここに至る教育・学習をどのようにするべきか。一方で、ここに至らない理由は何か、自己中心・自民族中心主義から何故脱却できないのか、など、極めて今日的な教育の課題との関連での提言も多かった。

休憩後、質疑応答、意見交換の時間をもった。主な内容を紹介したい。
＊前提となる「常識」を学ぶ必要　～　独立宣言署名者数をめぐって
・署名者が33人だったことは、韓国の人にとっては言わずもがなの常識である。そして、誰のことであるかまでおよそ知っている。また、文書作成にはかかわったが、署名には至らなかった人物が1名いる。一方で我々はほとんどわかっていない。つまり、我々が三・一独立運動を論じるにしても韓国の人の大部分が持っているような常識さえもっていない、まず、我々が、意義がどうこうという前に基本的なことを学ぶべきではないか。
＊世界史的な観点の必要性　～　ローラット法との関係等へ視野拡大を
・我々は、1919年、同じ年に起こった五・四運動との絡み、横の動きを結びつけて考える。実は同じ年、イギリスがインドの独立運動を鎮圧するためにローラット法を制定している。たまたま同じ年なのか、あるいは世界史的に見て同じような流れが同時多発的に起こっているのか、あるいは何らかの間接的な関係があるのか、という観点も必要なのではないか。
＊植民地認識と教育の課題　～　教科書用語の変遷をめぐって
・1965/昭和40年前後の世界史（高等学校）では、「三・一独立運動」あるいは「三・一運動」という名称ではこのことを習わなかった。当時の教科書では「万歳事件」と書いてあり、戦前でもそう呼んでいた。日本では1965/昭和40年前後まで世界史教科書に、何故「万歳事件」という名称を使いつづけていたのか。それが疑問だ。
・朴慶植氏の本（『朝鮮三・一独立運動』平凡社、1976年）がある。何故使われて来たかという点ではどうか。
・その時代になっても日本はまだ植民地時代の名称を使い続けていて、韓国・台湾・中国などそれぞれの地元の人の名称や考えに配慮していなかった。そういうことも教科書の研究において学んでいくべきだろう。当時云々ではなく、戦後も我々はそういうものを引きずって来たということだ。
・当時、それぞれの国でどう表現していたか、また名称がどう変遷していき定着したのかという比較が必要かもしれない。
・陳さんの報告で、報道統制（台湾では当時、新聞を開いても3/4と

5/9しか出てこない)があり、操作も当然あったろう。日本の場合も、そういうことを含めて、私たちの認識の遅れもあるかと思う。
・かつて東学の「乱」と呼ばれていたものが今では東学農民「革命」とまで名称が変遷して来た。当の朝鮮の人たちが自分たちのかかわっている、あるいは祖先である人たちの痛みなどを十分掘り起こしていって、「独立運動」であるとか、「革命」であるという評価を長い時間をかけてしてきたのだが、少し離れた日本では、支配をしていた側はそれを拾いきれていない。
・イギリスの植民地兵士となったアフリカの人々への聴き取りと、それがどういうふうに教科書で出ているかをフォローしている。ローラット法などとの関連、つまり三・一独立運動が、当時の別の帝国、イギリス・オランダ・フランスなどにどう報道されたのか。あるいは、秘密情報機関がそれをどうおさえたのか。報道は、ある意味人民に知らせないという部分もあるので、おそらく当時の雑誌などをフォローしても出てこない面もあろうが、そこまで拡げると、相互性があるのか、同時代性があるのかが見えてくるのではないか。その頃(1919年頃)アフリカでも独立運動が澎湃として起こり、それに対する抑圧がかけられている。またそれが教科書となって1970年代くらいまで載って、今また載らなくなっている。そういうものとの対応を今後拡げていくと、グローバルに動いていた植民地主義と教育というメカニズムを使ったものは非常に大きく見えてきて、植民地教育史研究の活動はさらに発展するのではないか。

＊課題の広がり ～ 象徴的に描かれる柳寛順(ユ・グァンスン)
・「万歳事件」のように、日本が向こうの状況を反映せずに教えていることに対して、逆の面で、柳寛順は、非常にヒロイックに描かれている。韓国のように女性をヒロイックに捉えていくことは、例えば台湾などではあるのかどうか。描かれ方で統一されることがあるのかどうか。
・柳寛順については、朝鮮のジャンヌ・ダルクという見方もあるが、エピソード的に紹介される程度である。
・彼女自身年も若くて、実質的な活動にそれほど力があったとは思えないが、一種のヒロインに祭り上げられているということか。韓国の独立記念館がソウルからかなり離れた天安にあるが、何故そこかと言え

ば、そこが彼女の出身地であるから。台湾では、私の知る限りそういう人は出てこない。
・戦後の台湾で関係があると思ったのは、先ほど『台湾青年』の名前が挙がったが、戦後日本で『台湾青年』という雑誌が出たこと。全く同じ名前だが、前者とは全くかかわりがない。蒋介石統治下の台湾において台湾の独立を求めるという運動の雑誌であった。「台湾青年」の名称がそういうところに引き継がれている。
・今回のことも、当時のことだけを考えて、五・四運動とだけ比べるということだけではなくて、あるいはイギリスのローラット法であるとか、戦後における「万歳事件」の名称であるとか、韓国の独立記念館の場所であるとか、あるいは『台湾青年』という雑誌が戦後どういうようなものとして名前が復活したのかというように、もっともっと広がりのある議論ができると思う。ただ、ご存じなかったとすれば、このテーマは我々が議論するには重すぎたのではないかと思う。もっと勉強する必要がある。

＊他地域との連帯の可能性　～　相互作用的側面検討への糸口
・自分は植民地教育を直接研究しているわけではないが、この報告を引き受けて、国内での民衆運動と朝鮮での運動の一定の共通性はある、と理解した。そういうものを、例えば吉野作造たちはきちんとおさえている。吉野の場合、米騒動が起ったり、被差別部落の民衆が水平運動に立ち上がると明白に敵意を表明する。植民地の三・一独立運動の場合も、知識層またはそこに連なる人々が吉野にとって望ましい植民地のリーダーだという認識を当然持っていた。ところで、このシンポジウムでさらに学びは広がった。結局彼らは文章を作って名前を出した、一人だけ名前を出さなかったけれども、あとは自首したではないか。実際に運動を担ったのは知識層ではないだろう、様々な階級の民衆だろう。もちろん朝鮮だけでなく、上海やソビエトで暮らさざるを得なかった人々も挙げてそういう運動に参加したということ。それを知識人レベルの運動でおさえるということが新たな課題となった。
・三ツ井氏の報告の中で、新韓青年党の人物達が朝鮮のみならず日本、中国、ロシアなどの方にも向かっていた。そういったところで、他の地域との連帯の可能性が模索されたのか、あるいは実際に何らかのア

クションがおこされたのか。同じような観点からいうと、台湾では、後の話だろうが、『台湾民報』の記事で、中国の政治状況にも積極的に関心を持っていた。だとすると、中国との連帯の可能性を持っていたとか、仮に連帯するとすれば誰と連帯するのかとか、地域を越えたネットワークの構築が模索されたのだろうか、あるいは何らかの形で行われたのかということの情報があれば知りたい。

・指摘の部分は近年出た長田氏の研究内容をまとめたもの。「他の地域」というのは他の民族という意味合いが含まれているのではと考えるが、そこまでは読みとれない。もしかすると「自決主義」が出た頃まではあるかもしれず何ともいえないが、可能性があるとすれば、日本にいた朝鮮人留学生だ。先ほどの陳先生の話にも出て来たが、早稲田の雄弁会などでインドの留学生たちと交流しているという事例がある。ここに、宗主国日本に植民地に関する情報が集まってくる、そういう構造がおそらくあったのではないか。そこでは置かれている状況が違うことによる温度差を検討していく必要がある。そこで、果たして連帯というところまで具体的に行ったかどうかはわからないが、色々な考えとしてあった可能性はある。

・おそらく表には出て来ないのだろうが、社会主義のインターナショナリズムなどでのつながりもどこかにありそうな気がするが。

・留学生の雑誌に『学之光』があるので、社会主義の影響も当然ある。具体的にどこと連動、連帯というところまでは発見していない。かなり膨大な量となるので、可能性としてはゼロではない、としか申上げられない。そこで大事なのは、思想的な状況を見るにしても多様だということ。社会主義を必ずしも受容しない学生もいるし、先ほど文化主義か政治かという話をしたが、そこをあまり一元化してみるのはどうかという思いもあるので、多様な可能性の一つとして考えていくことが大事かと思う。

・台湾と中国本土との連帯の可能性については？

・今回、「三・一」に焦点を絞って、五・四運動と中国の関係は取り除いている。実は台湾の社会運動は中国でかなり膨大な研究がなされており、日本語だと東大・若林先生の台湾抗日運動史の研究。そのなかで結構詳しく分類されている。中国と台湾の行き来は、商売、留学生

など、台湾から結構行っており、色々な交流があって、留学生同士密に接している。その部分は他の研究を調べてみるとわかるだろう。
・朝鮮から中国へ留学している学生もいますから、そういう人たちの言説をみれば色々な関係がわかるかと思う。
＊思想的な情勢、背景
・「五・四」が産まれる時には辛亥革命や戊戌政変、清末日本に留学した人たちの翻訳活動など、思想的な条件が蓄積されていたという状況がある。三・一運動についてはどうであったのか。五・四以降は国際的な、インターナショナル的な思考が生まれて、李大釗などの中国的マルクス主義が重要視されていったとか、あるいはフランスへの留学なども盛んになっていったという背景がある。もう一つは地域性、中国と地域との関係、運動というと象徴的で、偶像性がいつの間にか出来上がっていくようなイメージを持つが、実際は個々の地域の発生状況は多様であったと思う。先ほどの史料の中でも地理的な分布があったが、五・四でも、長沙における五・四など、地域における発掘が非常に盛んになって来ている。
・ウィルソンの14箇条に関して、朝鮮の人たちがこれに勇気づけられたということは、その時期を扱った小説、例えば湯浅克衛の『カンナニ』などにも出て来て、よく知られている。国際関係をなさる方の間では常識としてウィルソンが14箇条を提出する原因になったのはレーニンのある宣言であり、ウィルソンとレーニンの対決が冷戦の起源だという論説を張っている方もあるくらいだが、レーニンの宣言との関係はどうだろうか。

　最後にシンポジストから一言ずつをいただいた。
　陳氏からは、時代背景を一言で過ごすのではなく、研究として欠けている部分を、もう少し緻密に進めていく必要性が語られた。これは、あらゆる研究に共通することで、新たな展望を切り開いていくための糸口は、ある程度評価が定まっていると思われている部分にこそあるということだろう。既に到達されてしまっているところをもう一度掘り起こしていく作業のしんどさはあろうが、まだまだなすべきことがあると感じた。ただ、一人では気づかないことも多く、一堂に会し、相互に刺激し、

示唆を受け、糸口に気付いていく共同作業はこれからも必要であろう。

また、三ツ井氏からは対象の全体構造を把握するために留意しなくてはならない大切な事項を含めて次のように話された。

「既に三・一運動は、長い研究史があって常に議論になっている。ただ一つ恐れるのは、その要因が内にあるのか外にあるのか、内因論、外因論の一方だけを強調するような議論になるのではないかということである。色々な多重構造があると話したが、三・一運動といってイメージすることが何であるのかということを、今回の質問、意見から一端を知ることができたが、まだまだこれは広い、そしてそこだけではない。運動全般の構造をどのようにして歴史化していくかということが私の中で大きな関心事であり、使命感である。民族代表には民族代表の意義があるし、それとは別に万歳の示威活動を行った学生たちの運動の意義もある。その一部が地方に行って、地方の民衆に影響を与える。その地域には地域なりの事情があり、既にあった社会形態的なもの、政策的なものが引金になって、そこにある要因として働くことになる。そういう全体の、まとまらない、複雑な（陳腐な表現だが）、我々はそういうことをどれだけ理解していけるだろうか。そういうものを提示したかったということ。」

司会進行担当としては、それぞれの報告者の個別領域の違いであり持ち味を、相互作用的な側面に絞って検討してみようというイメージを作っていたが、「三・一独立運動」の今日的な意味まで含めた参加者の幅広い関心からの質問、意見により、このテーマの大きさを改めて感じることとなった。

松浦氏が「できれば最初に聞いてみたかった」という「植民地教育史研究をなさっているみなさんにとって、三・一運動とは何か」という問いが、私を含む一人一人に改めて示されたと感じている。

Ⅱ. 研究論文

日本統治下膠州湾租借地における
初等教員人事異動の展開

山本一生*

はじめに

　本研究では山東省にあった日本統治下膠州湾租借地を取りあげ、この地域における初等教員の人事異動がどのように展開していたのか検討する[1]。そして、戦前期日本の学校教員がどのように「外地」に採用されていったのか、その全体像を知る一つの手がかりとしたい。では、なぜ膠州湾租借地の教育に注目するのか。それは日本による青島の占領は不安定で占領期間が短かったものの、占領後すぐに青島守備軍によって初等・中等学校が整備されたことが挙げられる。そのため膠州湾租借地では現地で日本人教員養成することができず、「内地」やその他の地域から急ピッチで教員を採用する必要に迫られていたと考えられる。そのため人事の具体相をより明確に分析できる。それではなぜ初等教員に注目するのか。その理由は、第一に現地人教育[2]と日本人教育の両方を視野に入れることができるのは初等教育だけだからである。というのも日本統治下の膠州湾租借地では公立の中等教育は日本人教育しか開設されず、現地人教育と比較することは不可能である[3]。そして第二の理由として、表1のよ

表1 日本統治下の青島各学校教員の採用数と転出数

年	小学校		中学校		高等女学校		日語支那語学校		公学堂	
	採用	転出	採用	転出	採用	転出	採用	転出	採用	転出
1918	16	1	4	0	3	0	13	3	63	17
1919	12	2	8	0	6	1	10	0	22	6
1920	30	15	12	0	9	1	4	0	42	5
1921	45	22	10	3	6	1	12	4	31	23
1922	20	12	10	0	10	3	1	0	73	42

出典：『青島守備軍公報』451号から1358号より作成。

＊東京大学大学院／日本学術振興会特別研究員

うに初等教員は中等教員よりも人数が多かったことが挙げられる。なお、1919年時点での日本人学校は小学校3校、中学校1校、高等女学校1校、支那語学校2校で、現地人学校は日語学校5校、公学堂37校であった[4]。このように学校数においても初等教育の方が多かった。

　それでは、研究対象とする1910年代から20年代の国際関係を素描する。周知の通り大戦中日本政府は1915年に対華二十一箇条要求を袁世凱政権に突きつけた[5]。大戦終結後も膠州湾租借地が中国に直接還付されず、一度日本に譲渡される形となったため、パリ講和会議をめぐって1919年に五四運動が起こった[6]。このように1910年代から20年代の山東は東アジア外交史において重要なトピックとなっている[7]ものの、「日本の青島占領（1914〜22年）に関する研究は驚くほど立ち遅れている」[8]。それでは日本統治下の膠州湾租借地での教育に関してどのような研究がされてきたのだろうか。この時期の初等教育に関して、青島市史志辨公室編『青島市志・教育志』[9]及び欒玉璽『青島の都市形成史：1897-1945』[10]、本庄比佐子編『日本の占領と山東の社会経済』[11]といった地方史や経済史の分野で取りあげられている。ただしいずれの研究も教員人事までは踏み込んではいない。一方教育史研究では膠州湾租借地の教員人事について直接言及したものは管見の限り存在しない[12]。そのため中国教員史・師範教育史研究から参考となる研究を取りあげる。まず、山東の師範教育史に先鞭を付けた上沼八郎「内堀維文と山東省師範学堂」が挙げられる[13]。この研究は内堀の山東での経験から彼の教育観を探った。また中国師範教育史として、蔭山雅博の一連の研究が挙げられる。「清末における教育近代化過程と日本人教習」では日本人教習が中国の教育近代化に果たした役割について多くの教習が赴任した師範学堂を中心に論じた。そして中国自体の成長に伴って日本人教習による教育行政への関与が求められなくなり、師範教育改組事業に絞られたことを明らかにした[14]。また同「宏文学院における現地人留学生教育－清末期留日教育の一端－」では宏文学院で行われた師範教育の実態に迫り、同校出身者が帰国後師範教育に一定の役割を果たしたことを指摘した[15]。以上のように、中国教員史研究の分野では主に日本の師範教育が中国の教員養成にどのような影響を与えたのか、という関心での研究が進みつつある。確かに日本から中国へどのような師範教育が持ち込

まれたのか、という点においてかなりの成果が生み出されたと言える。しかし養成された初等教員がどのように採用されたのかという視点はうかがえない。

そこで本稿では日本統治下膠州湾租借地を中心に、山東鉄道沿線まで含めて初等教員人事を扱うこととする。そして教員の動きから、日本人学校と現地人学校との関係を探る。

ここでまず膠州湾租借地がどのような経緯を辿ったのか見てみよう。1897年にドイツが膠州湾を租借し、1904年に山東鉄道が全線開通となった。そして第一次世界大戦中の1914年に租借地と鉄道を日本が占領した。日本統治時代の膠州湾租借地は大きく分けて青島軍政署と李村軍政署の二つの管轄に分けられ、1917年の民政期以降はそれぞれ青島民政署、李村民政署となった[16]。つづいて1922年に膠州湾租借地は北京政府による接収に伴い膠澳商埠と改称し、中央政府直轄の膠澳商埠督辨公署が設置された[17]。それではこの時期の人口はどう変化したか。還付前後の人口を表2にまとめた。この表によると、占領と同時に日本人人口が急増し、さらに民政期の1920年から22年にかけて2万4千人と増加し、還付後激減したことが分かる。つまり占領に伴う日本人人口の急増が、初等教育の必要性を求めたのである。一方、現地人人口は1916年以降26年まで一貫して増加傾向にあった。

こうした中、初等教育は膠州湾租借地を占領した直後の1915年初めから設置が進められた。その教育は日本人教育と現地人教育に分けられ、前者は小学校と支那語学校、後者は公学堂

表2 膠州湾租借地の人口増減表

年	日本人	外国人	支那人※	計
1915	316	2,095	187,000	189,411
1916	11,612	483	163,975	176,070
1917	18,561	525	183,292	202,468
1918	18,652	510	180,363	199,435
1919	19,998	362	192,201	212,561
1920	24,536	399	207,824	232,759
1921	24,262	469	215,669	240,400
1922	24,132	387	217,355	241,874
1923	15,266	404	221,246	236,916
1924	13,504	575	236,175	250,254
1925	13,439	657	263,492	277,588
1926	13,468	630	269,944	284,042

典拠:青島居留民団青島日本商業会議所『山東に於ける在留邦人の消長』(1927年8月、9頁)
註:1915年は2月、以降は年末の調査である。なお※は史料ママである。

と日語学校に分けられた。ところで、日語学校と支那語学校は対象とする学生が異なり、教育内容も異なる別種の学校であるが、1917年に「日支語学校規則」が出されたことで一つに括られ、さらに人事においても両校の兼務教員として採用されていたため、本稿では一つの学校類型として扱う。このように初等教育は小学校、公学堂、日語支那語学校の3類型に分類できる。本稿ではこうした学校への教員採用を主に『青島守備軍公報』を用いて明らかにし、制度面については『秘　自大正三年十一月至大正六年九月　青島軍政史　第二巻』（陸軍省、法務省図書館、以下『軍政史』とする）を用いる。なお『青島守備軍公報』では1917年に民政部設置後、451号（1918年4月22日発行）から1358号（1922年11月30日発行）にかけて「民政部彙報」に人事欄が設けられた。その中に教員人事が記録されており、小学校、公学堂、中学校、高等女学校の教員採用の実態が把握できる。最後にそれぞれの教員人事がどのような関係にあったのか示す。第一章では小学校教員（以下史料中を除いて小学校訓導、公学堂及び日支語学校教師は全て「教員」に統一）の採用について、第二章では公学堂の教員採用について、第三章では日語支那語学校の教員採用について分析する。なお史料の関係から、対象時期を1918年から22年に限定する。また、各学校の教職員録については青島守備軍民政部『青島ノ教育』などで確認できるものの、紙幅の関係から本稿では扱わない。

1　小学校教員採用の実態

　本章では小学校教員の採用について分析する。まずは膠州湾租借地の日本人小学校設立の系譜をたどる。ドイツ時代から西本願寺の僧侶である中原宗定が日本人児童の教育に従事していたため、占領後の1915年1月にこれらの児童を集めて教育を開始した。しかし日本人が増加したために「到底私人ノ手ニ教育ヲ委ヌルヲ許ササルノ情勢ニ至リシヲ以テ愈々小学校ノ設立ヲ決シ」[18]、1915年3月に青島守備軍小学校仮規則を発布し、同年4月に青島小学校と李村小学校が設立された。また1915年6月に万年町、同年11月に葉桜町、翌16年9月に台東鎮にそれぞれ分教場が設置された。1917年5月に青島守備軍小学校規則に改正され、同年4月に李村尋常小学校、第一青島尋常高等小学校、第二青

島尋常小学校が設置された。このように日本統治下の膠州湾租借地では、尋常小学校卒業者が進学する高等小学校を有したのは、第一青島尋高小のみであった。また山東鉄道沿線の四方・張店・坊子・青州・高密・淄川には青島第一尋高小の分教場が設立され、四方を除くそれぞれに高等科が設置された[19]。つづいてこうした小学校の教員人事を具体的に検討する。

(1) 租借地外から各小学校への教員採用

表3によると、西日本、東北、北海道、北陸、朝鮮から採用されていることが分かる。特に福岡からが4名と最も多い。ただし東海、関東からの採用者はいなかった。採用者は西日本出身者が25人と最も多く、次いで朝鮮3人、近畿3人となっていた。以上からは年ごとの特徴は分からなかったものの、採用者の出身地域には西日本中心という偏りがあったことが分かった。

表3 小学校教員の採用

	第一青島尋常高等小学校	第二青島尋常小学校	李村尋常小学校
1918	江原正利、江原縫（岡山）小浜秀輔（鹿児島）真鍋契代（愛媛）	豊川善曄（北海道札幌一中）内山善太（佐賀）	加賀美五郎七
1919	生井春吉（栃木）松原末松（熊本第二師範）平野真界（島根県）	古屋大右衛門（福岡）国生経敏（大阪）	
1920	愛甲保（鹿児島）高瀬寿吉、神去来穂（福岡）奥森重行（和歌山）榊原三雄（奈良）河野ミツヱ（宮崎）金武只雄（長崎）	阿南実直（朝鮮）清水則備（愛媛）	高麗邦道
1921	川上寿栄（島根）森安宮（佐賀）夢沼みつ（山形）井出九十九（長野）越智照二（朝鮮）佐々木丈夫（山口）田原常武（済南）田中興七（岐阜）	山田晴千代（福岡）伊沢英夫（岡山）大松清太郎（大阪）是成知雄（長崎）金川常次郎（富山）有馬駿遠（宮崎）横山育義（香川）	小林新三郎（長野）川崎貞吉
1922	中村和之、石橋元（福岡）青木庸則（朝鮮）村山峻、木津谷俤造（北海道）村田賢三（富山）	佐々木政男（広島師）浅野輝次（岐阜）米野済（熊本）	

出典：『青島守備軍公報』各号より筆者作成。
凡例：氏名（採用元府県）。前職が中等教員の場合その学校名を記す。また採用元不明は氏名のみとした。

(2) 山東省内の人事異動

次に、膠州湾だけでなく山東鉄道沿線を含めた山東省内での人事異動を分析する。以下カッコ内の地名は分教場名であり、尋高小、尋小と略

記し、校長以外特記しない。なお高等小学校まで設置されていたのが第一青島尋高小のみであり、第二青島尋小及び李村尋小は尋常小学校のみであった。

1918年　小田福松：第二青島尋小→第一青島尋高小（四方）
1920年　赤川禎治、片瀬茂久：第二青島尋小→第一青島尋高小（淄川）
　　　　内藤勝治、高須賀清子：第二青島尋小→第一青島尋高小（台東鎮）
　　　　宇野裕四郎、宇野ツル：李村尋小→第一青島尋高小（高密）
　　　　斎藤伊勢蔵：李村尋小→第一青島尋高小
　　　　中尾英一、宮尾敏正、沢田きく：第一青島尋高小→第二青島尋小
　　　　諏訪宮城、諏訪谷次（校長）：第一青島尋高小→李村尋小
1921年　中尾英一：第二青島尋小→第一青島尋高小（台東鎮）
　　　　藤波忠次：第二青島尋小→第一青島尋高小（高密）
　　　　伊沢英夫：第二青島尋小→第一青島尋高小（淄川）
　　　　松尾みね：第二青島尋小→第一青島尋高小
　　　　池田清、諏訪谷次：李村尋小→第一青島尋高小（台東鎮）
　　　　古屋大右衛門（校長）、櫻田有：第二青島尋小→李村尋小
　　　　古屋チセ：第一青島尋高小→李村尋小
　　　　加賀美五郎七、諏訪宮城：李村尋小→第二青島尋小
　　　　上田五十治、小田福松、江原正利：第一青島尋高小→第二青島尋小
　　　　笹原竹三（校医）：青島守備軍民生部医官→第一青島尋高小（青州）
　　　　1922年　是成知雄：第二青島尋小→第一青島尋高小（淄川）
　　　　神谷梧四郎：第二青島尋小→第一青島尋高小（張店）
　　　　高橋久造：第二青島尋小→第一青島尋高小
　　　　高麗邦道：李村尋小→第一青島尋高小
　　　　高妻勇：第一青島尋高小→第二青島尋小
　　　　田原常武：第一青島尋高小→李村尋小
　　　　片瀬茂久（助教諭）：第一青島尋高小→青島高女
　　　　石塚清範（助教諭）：第二青島尋小→青島高女

各年を分析すると、第二青島尋小および李村尋小から第一青島尋高小への異動は、18人中11人と分教場への転勤が多いことが分かる。そして第一青島尋高小、第二青島尋小から李村尋小への転勤者の内校長として異動した者がいたが、その逆はなかった。以上のことから3校間で対等に教員の異動が行われていたのではなく、高小まで有した第一青島尋高小がハブとして他校および沿線分教場に教員を分配していたと考えられる(図1)。なおハブとは多数のリンクを持つノード(点)のことであり、ハブはそれが存在するネットワーク構造を支配する[20]。こうした概念を用いると、教員人事において山東省内の各小学校はそれぞれが孤立していたのではなく、第一青島尋高小をハブとしてつながっていたことがわかる。

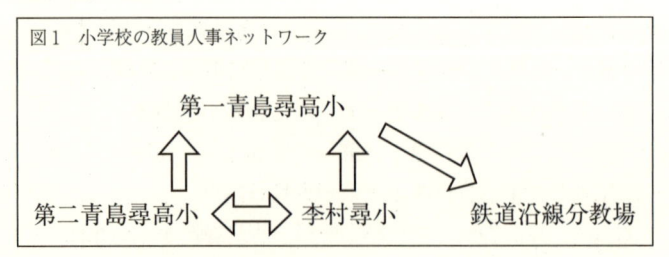

図1 小学校の教員人事ネットワーク

第一青島尋高小
↑   ↑   ↘
第二青島尋高小 ⇔ 李村尋小   鉄道沿線分教場

2 公学堂の教員採用の実態

本章では現地人初等教育機関であった青島守備軍立公学堂の教員を分析する。公学堂はドイツ時代の蒙養学堂を引き継いだもので、1915年時点で24校、その後37校となった[21]。そして1922年2月4日に結ばれた「山東懸案解決ニ関スル条約」第5条ではドイツ権益の中国への還付が定められた。この際「公学堂ハ日本居留民団ニ於テ引継クヘキ性質ノモノニアラス」[22]として居留民団が引き継がず、青島守備軍が独自に設立した公学堂も含めて一括して中国側に引き渡された。つまり日本が膠州湾租借地に導入した学校制度から公学堂は切り離されたのである。なお同条約第7条で日本権益の公立学校・神社・墓地は居留民団への継承が認められ、居留民団は日本人教育のみを引き継いだ[23]。

1)「模範的ノ学堂」としての青島公学堂、李村公学堂

では、青島守備軍はどの公学堂を重視したのか。『軍政史』によると「青

島公学堂及李村公学堂ハ将来模範的ノ学堂タラシメム」と位置付け、「教員ニモ日本語ヲ知レル満洲公学堂卒業者各二名宛ヲ採用シ校舎其ノ他ノ施設モ特ニ注意ヲ払ヒ著々之カ改善ヲ期」したという[24]。公学堂の教員人事において、満洲から青島という流れがあったことが確認できる。ただし採用者氏名及び出身公学堂名は何れも不明である。なお青島公学堂については、1921年9月現在の『青島公学堂一覧』が残されており、沿革などといった詳細を確認することができる[25]。この一覧によると、1912年陰暦5月にドイツ民政署と青島商務総会[26]が協力して北京町に青島蒙養学堂を設立し、日独開戦後1915年2月に日本守備軍軍政署が青島蒙養学堂を再興して青島公学堂と改称した。そして1917年5月に初めて日本人を採用して副堂長とした。さらに1921年3月には初めて日本人堂長を任命した。

　なお、公学堂には附設した教育機関があった。青島と李村には後述するように1915年から日語夜学校が設置された。しかし、青島は成果が上がらないとして1916年10月に閉校となった[27]。一方李村には日語夜学校を引き継ぐ形で1916年に「公学堂教員又ハ官衙要員ヲ養成スル目的」で李村公学堂特科が設置された[28]。公学堂卒業生の進学先としては特科の他に三年制の実業学堂が附設された[29]。

2) 公学堂長・副学堂長の人事異動

　本節では堂長・副堂長の採用を中心に考察する。堂長・副堂長の規定は「青島守備軍公学堂規則」第25条で「地方ノ状況ニ依リ副学堂長書記ヲ置クコトヲ得」と定められ、その職務は第26条で「副学堂長ハ学堂ノ事務ヲ掌理シ及職員以下ヲ監督シ学堂長事故アルトキハ其ノ職務ヲ代理ス」と定められた[30]。では、これらの堂長・副堂長職は実際どのように運用されたのか。『軍政史』では「教師モ従来全部支那人ナリシカ青島公学堂訓導中ニハ第一青島尋常、高等小学校ノ訓導二名ヲ兼務セシメメ其ノ一名ハ副学堂長トセリ」とあり、一方「李村公学堂ニ於テモ学堂長ハ学務係ノ兼務トシ通訳一名、小学校訓導二名ヲ教師トシテ兼務セシメタリ」とあり、青島と李村の両公学堂では主に小学校教員が兼職する形式を取ったことが分かる[31]。では、堂長・副堂長の人事異動にはどんな特徴があったのだろうか。以下では『公報』人事欄をまとめたデー

タから、日本人と現地人のそれぞれの堂長・副堂長に分けて考察する。なお典拠が『公報』の場合、以下号数のみ示す。

まず日本人堂長・副堂長を分析する。その職にあった者は谷口林右衛門、櫻田有、加賀美五郎七、小林新三郎、高橋久造、池田清の6名であった。谷口は1918年から22年に至るまで第一青島尋高小教員を本職とし（794,909,1128,1255,1295,1353）、青島日語学校教員（456,1295）、青島公学堂教員（21年に副堂長、1066）を兼務する。前述した『青島公学堂一覧』所収の職員録によると、谷口は1917年9月11日に採用されたことが分かる。なお、槻木瑞生によると谷口が第一青島尋小教員から関東州の水師営公学堂長に異動した事を指摘している[32]。確かに1926年には水師営公学堂長を務めた[33]。また谷口は「雲渓」という名で南満洲教育会の機関誌であった『南満教育』に数回投稿している[34]。このように谷口は膠州湾租借地での現地人教育の経験を満洲に持ち込んだ人物として注目に値する。櫻田は1920年から22年に至るまで青島日語学校・支那語学校校長事務取扱を務め（909）、その間20年12月に第二青島尋小教員を兼務する（1032）。その後21年3月に李村尋小教員および李村日語学校長、李村公学堂長を命じられ（1066,1069）、活動の場を李村に移す（1128,1179,1255,1295）。また同年4月に李村公学堂長として青島守備軍視学委員を務めた（1081）。加賀美は1918年4月に李村尋小教員、李村公学堂長兼教員に採用され、同月さらに李村日語学校長兼教員となった（451）。同年7月には青島中学校の水泳教員嘱託となる（495）。1921年3月には第二青島尋小教員、青島公学堂長兼教員、青島日語学校長兼支那語学校長となり（1066,1069）、櫻田と交代する形で活動の場を青島に移す。前述した『青島公学堂一覧』において1921年3月に初めて日本人堂長となった人物とは、この加賀美だと考えられる。また同一覧によると、加賀美が堂長、谷口が副堂長であった。そして加賀美は少なくとも1922年11月までは第二青島尋常小学校教員を務めている（1353）。小林は1921年1月に長野県南佐久郡青沼尋高小教員から李村尋小教員に採用され、同年3月に李村公学堂教員の兼務を命じられる（1049）。さらに翌年3月に副堂長兼務となった（1215）。しかし、還付直前の1922年11月に李村公学堂教員・副堂長を辞任する（1352）。高橋は1919年6月には第二青島尋小教員であり（686）、1922年1月に台

西鎮公学堂副堂長兼教員となる (1215)。同年6月に第二青島尋小から第一青島尋高小に転出する (1301)。池田は1918年4月には李村尋小教員となっており、同月李村日語学校教員兼務を命じられる (461)。また1920年6月には李村公学堂嘱託教員であることが分かる (909)。1921年11月に第一青島尋高小教員および台東鎮公学堂副堂長兼教員を命じられ、青島に移る (1179)。翌月に青島日語学校教員を兼務する (1193)。

以上見てきたように、副堂長職が設けられたのは青島、李村、台東鎮、台西鎮の4校であった。また日本人公学堂長・副堂長は小学校教員を本職とし、公学堂堂長・副堂長や日語学校教員を兼務した。さらに1922年3月以降青島では堂長が加賀美、副堂長が谷口であり李村では堂長が櫻田、副堂長が小林であった。このように1922年段階の青島と李村では堂長・副堂長の両方の職を日本人が占めていた。一方台東鎮では1921年11月から池田が、台西鎮では1922年1月から高橋が副堂長となった。

つづいて、次ページの表4を用いて現地人堂長について分析する。その職にあった者は李仁溥、郝甫臣、呂琿璋、王吉源、高峒、薛増燦、葛謇甫、金兆桂、朱琛、王旭村、楊乃宣、黄続、陳希儼、林桂馨、李容劭、張春峰、邵价人、李毓葵、張文徳、仲躓成、徐澤潤、王照青であった。堂長の人事を分析すると、青島公学堂といった「模範的ノ学堂」出身の堂長（王旭村、黄続、林桂馨、李容劭）と、同じ学校に長く在職した堂長（李仁溥、郝甫臣、呂琿璋、王吉源、高峒、薛増燦、葛謇甫、金兆桂、朱琛、楊乃宣、陳希儼、張春峰、邵价人、李毓葵、張文徳、仲躓成、徐澤潤）の二パターンに分類できる。人数的には後者が17名と多く、また比較的地方の、小規模校に勤務した。なお前者の一人である李容劭は、1919年に青島日語学校教員として採用された後同年末には台西鎮公学堂長となっており (794)、1921年4月に青島守備軍視学委員に任命された (1081)。他の視学委員は熊谷政直（青島中学校長）桐谷岩太郎（青島高等女学校長）加賀美五郎七（青島公学堂長）櫻田有（李村公学堂長）といった日本人校長であり、李容劭だけが唯一現地人校長として任命された。また彼は1939年から44年頃にかけて青島日本中学校で中国語教員を勤めた[35]。なお表4によると現地人教員で副堂長に任命された者はいなかった。このため、副堂長は日本人のためのポストであったと考

表4 公学堂長・副堂長の採用

青島民政署管内	青島公学堂	王照青（1918年堂長）加賀美五郎七（1921年堂長：李村公学堂教師兼堂長）谷口林右衛門（1921年副堂長：青島公学堂）
	台東鎮公学堂	張春峰（1918年堂長：李村公学堂）池田清（1921年副堂長）
	薛家島公学堂	林桂馨（1922年堂長：湛山公学堂長）
	滄溝公学堂	金兆桂（1919年堂長：施溝公学堂）
	瓦屋荘公学堂	薛増熾（1919年堂長：瓦屋荘公学堂）
	滹北頭公学堂	陳希儒（1919年堂長：滹北頭公学堂）
	南屯公学堂	
	辛島公学堂	
	台西鎮公学堂	李容勛（1919年堂長）高橋久造（1922年副堂長）
	大麦島公学堂	徐澤周（1920年堂長）
	浮山所公学堂	仲蹟成（1920年堂長）
	滄山公学堂	李毓美（1920年堂長）
	辛家莊公学堂	高峒（1922年堂長：薛家島公学堂長）
	高家村公学堂	邵价人（1920年堂長）
李村民政署管内	李村公学堂	加賀美五郎七（1918年李村尋小副導、公学堂長兼教師兼務）小林新三郎（1922年副堂長：李村公学堂）
	同滬口分校	
	于家下河公学堂	李仁澤（1921年堂長：于家下河公学堂）
	朱家窪公学堂	朱？（1918年堂長）
	浮山後公学堂	
	越哥庄公学堂	
	上流公学堂	王旭村（1922年堂長：青島公学堂）
	于哥庄公学堂	
	登？公学堂	
	埠落公学堂	
	法海寺公学堂	黄続（1922年堂長：青島公学堂）
	姜哥庄公学堂	？甫臣（1918年堂長）呂琿瑋（1919年堂長）王吉源（1922年：上流公学堂）
	楼家庄公学堂	
	宋哥庄公学堂	
	九水公学堂	
	灰牛石公学堂	橘乃宜（1918年堂長：灰牛石公学堂）
	香裡公学堂	
	現化菴公学堂	葛馨甫（1918年堂長）
	雙山公学堂	
	養正公学堂	
	明徳公学堂	張文徳（1922年堂長）
	育英公学堂	
	常在公学堂	

凡例：採用者（採用年及び肩書：前任校）

えられる。

ところで、1918年9月17日に台東鎮公学堂教員に採用され（530）、還付後に北京政府膠澳商埠の湛山公立小学校長となった于常年は、1915年3月に関東州の公学堂南金書院師範科を卒業している[36]。于常年は青島及び李村各公学堂に採用された「満洲公学堂卒業者」ではなかったものの、満洲から膠州湾租借地に移動した公学堂教員として注目に値する人物である。ただし還付後の1924年には退職している[37]。

3 日語支那語学校

支那語学校は日本人を対象として青島に1915年2月に設立された。また他に1918年4月には坊子に、1918年10月には張店にも設置された[38]。一方、日語学校の前身の日語夜学校は「青島及李村ニ於テ支那人ニ日語ヲ教授スル目的ヲ以テ大正四年ノ春」に設立され、「陸軍通訳及満洲公学堂ヲ卒業シ現ニ公学堂ノ教員ヲナセルモノヲ教官トシテ教授ニ当ラシメ」た[39]。その後日語学校は1918年3月に青島、同年4月に李村と坊子、同年10月に張店に設置された[40]。設置された都市はいずれも山東鉄道及び支線の沿線にあり、かつ青島第一尋高小分教場所在地と重なる。それは教員が小学校教員と兼務するために便宜を図ったた

めではないかと考えられる。このように日語学校と支那語学校は別種の学校ではあるが、前述のように1917年に「日支語学校規則」が出されたことで一つに括られたため、本稿では一つの学校類型として扱う。

(1) 日語支那語学校の制度

1915年7月7日に「支那人日本語研究ニ関スル件」が出され、青島在住現地人向けの日本語学習機関として青島日語学校が青島公学堂内に設置された(33)。そして1917年12月28日に「日支語学校規則」によって統一的な規則が整った（397）。この規則によって日語学校も支那語学校も修業年限2年と定められた。ただしこの学校規則では入学資格は明記しておらず、教員についての規定もなかった。しかし1921年以降、第一学年の入学資格が以下のように規定された（1056）。

イ　支那語学校ニ入学ヲ志願シ得ル者ハ日本人ニシテ高等小学校卒業以上ノ者

ロ　日語学校ニ入学ヲ志願シ得ル者ハ支那人ニシテ支那初等小学校卒業以上ノ者

このように日本人は高等小学校、現地人は民国初等小学校と接続した。また修了後の接続についての規定がなかったため完成教育機関であったと言える。ところで、入学資格に公学堂卒業者が含まれていなかった。これは山東鉄道沿線には公学堂が設置されていなかったため、主に民国初等小学校と接続することを想定していたと考えられる。

(2) 日語支那語学校の教員人事

では、表5を参照しながら教員人事を分析する。日本人教員は小学校教員や公学堂教員との兼務教員（加賀美五郎七、上利恭助、池田清、久保田嘉喜太郎、諏訪谷次、櫻田有、野中伊平、谷口林右衛門、浜中直樹、納十郎）と、日語学校のみの専任教員（呼野義幸、軸丸卓爾、近藤龍雄、野崎鉄司、渡邊知吉、川田佐一郎）に分けられる。また現地人教員は前述のように公学堂と兼務した李容劭（台西鎮公学堂と青島日語学校）と、日語・支那語学校のみの専任教員（その他の教員）とに分けられる。公学堂と兼務したのは李容劭のみであり、また後年青島日本中学校教員だったことから、彼が特殊な人材であった可能性がある。このよ

表5 日語支那語学校の教員人事

	青島日語支那語学校	李村日語支那語学校	張店日語支那語学校
1918	野中伊平（兼務：第二青島尋高小）谷口林右衛門（兼務：第一青島尋高小）伊宗明（雇員）泉平、児玉五助（公学堂兼務）浜中直樹	加賀美五郎七、池田清（校長：李村尋小）久保田嘉喜太郎	
1919	加長齢、李容劭、近藤龍雄、方徳明		野崎鉄司、渡邊知吉、納十郎
1920	桑本二郎		川田佐一郎
1921	加賀美五郎七（校長：李村日語学校長）池田清（李村日語学校）	櫻田有（校長：青島日語学校）	王錫済
	坊子日語支那語学校	青州日語支那語学校	
1918	上利恭助（第一青島尋高小）軸丸卓爾（青島日語学校）		
1919	安藤昇三、池田弘		
1920	和田作十郎、岩城信太郎		
1921	張宝五、孟広?	呼野義幸（校長）于耕三	

凡例：表4に同じ。

うに、青島と李村は小学校や公学堂との間での人事異動が多く、密接な関係にあったことがわかる。

(3) 日語支那語学校の実際

最後に、学校概況が残っている山東鉄道沿線の坊子と張店から、日語支那語学校の教育実態を探る。『大正十一年四月　青嶋守備軍坊子日支語学校概況』によれば、日語学校の生徒数と卒業者数は表6の通りである[41]。1921年に卒業者がいなかった理由は、「排日風潮発生ノ為」であったという。また1922年段階の第一学年は62名、第二学年は15名であった。1921年の入学者は86名であったことから、71名もの生徒が退学したことが分かる。退学について校長である軸丸卓爾は以下のように述べている。

　　　毎年新学期ノ始ニ於テハ相当生徒ノ出席者アレドモ兎角永続セズ殊ニ大正八年五月中旬排日風潮発生ト共ニ生徒ノ総退学ヲ見ルノ如キ現状ヲ呈スルコトモ有リテ以来生徒募集上ニモ一大障害ヲ来タシ近年兎角隆盛ノ域ニ達スルコト難シ

退学者が多かった理由として、1919年5月の五四運動の影響を指摘している。坊子はドイツ統治時代から博山、淄川と並んで炭鉱が開発されたものの、石炭の質の低さから実質的に放棄されていた。しかし日本軍占領期には石炭需要の増加と淄川炭鉱の出炭量不足から1917年から日系企業に請け負わせて採掘を再開したため、1918年以降相応の出炭量を見せてい

表6　坊子日支語学校

	入学者数	卒業者数
1918	86	
1919	162	
1920	80	7
1921	86	0
1922	62	7

出典：『大正十一年四月　青嶋守備軍坊子日支語学校概況』

たという[42]。坊子日支語学校はこうした時期に設立されたことから炭鉱関係者の要請を目的として設置されたと予想されるが、管見の限りでは設置理由は不明である。坊子炭鉱は再開以来1921年にかけて順調に出炭量を増やしており[43]、日系企業への雇用機会はこれに伴って増えたと考えられるが、日語学校は五四運動の影響で不振が続いていた。それは、軸丸に拠れば日本人が唱える「日支親善」に問題があったという。

　　日本人ハ口ニ日支親善ヲ唱ヘナガラ其ノ実ノ挙ラザルコト多シ此
　　全ク日本人ノ根本ヨリ其ノ方針ヲ誤レルニ起因スト云ザル可カラズ
　　此日本人ノ唱フル日支親善ハ実ニ口頭禅ニシテ何等具体的ニ現実セ
　　シコトナク常ニ他外国人ノ後塵ヲ拝スル如キ観アルハ甚ダ遺憾ナリ

このように軸丸は、「日支親善」が口先だけで終始し、列強の後塵を拝していると批判した。なお軸丸は表4のように小学校教員との兼務教員ではなく専任教員である。

次に、張店日支語学校の『概況』から教育実態を探ろう[44]。張店は山東鉄道と博山炭鉱と続く博山線との分岐点であった。開校は支那語学校が1919年1月25日、日語学校が同年2月16日と『軍政史』の記載よりも遅い。卒業生は、日語学校は第一回が14名、第二回が2名で、就職先は「鉄道部従業員養成所入学、会社、商店等」であった。このように山東鉄道職員や企業に就職することが期待されていた。なお日語学校の生徒数は調査時と推測される1922年には第一学年が23名、第二学年が18名であった。入学者は「高等小学校卒業以上ハ極メテ少ク、初

等小学校卒業生、及半途退学生、私塾ニ数年学ビタル者等」が多かったという。膠州湾租借地内の公学堂からの入学者はなかった。このことから張店日語学校は公学堂と接続しておらず、地元から生徒を集めたと考えられる。また学科について日語は週当たり12時間とし、「初等小学校卒業以下ノ者ノ補習教育トシテ」漢文週5時間、算術週5時間、書方週2時間と定めた。なお支那語学校の卒業生は第一回が3名と日語学校よりも少なく、1922年は生徒がいなかった。

以上山東鉄道沿線の二つの日語支那語学校を見てきたが、いずれの学校も経営に苦労していたことがうかがえる。これは1922年2月に結ばれた「山東懸案解決ニ関スル条約」第五章によって青島済南府鉄道（山東鉄道）を北京政府側に引き渡すこととなり、坊子日語学校のように鉄道部従業員を目指すという進路が不安定となったためと考えられる。

おわりに――「兼務」教員が二つのネットワークをつなぐ――

膠州湾租借地の初等教育機関は、設置目的から3類型に分けられた。それは小学校、公学堂、日語支那語学校である。また山東省内人事では第二青島尋小、李村尋小から第一青島尋高小を通して他校および沿線分教場に転出した事から、第一青島尋高小をハブとして教員を分配していた（図1）。これが小学校教員ネットワークの構造である。

一方、公学堂教員と日語支那語学校教員のそれぞれのネットワークは日本人教員と現地人教員とで構造が異なった。前者は「模範的ノ学堂」である青島公学堂などの日本人公学堂長・副堂長は小学校教員を本職とし、公学堂堂長・副堂長や日語学校教員を兼務した。そのため彼らは小学校長に属する形となっていた。後者は、「模範的ノ学堂」出身の堂長と、同じ学校に長く在職した堂長の2パターンに分けられた。そして小学校教員ネットワークと公学堂教員ネットワークを重ねてみると、小学校長をトップとする小学校教員ネットワーク、小学校長に属する小学校教員兼副堂長、現地人堂長をトップとする公学堂教員ネットワークの三層構造があったと言える。

これまでの議論を教員の兼務を中心に、三層構造と学校間の関係として図2にまとめた。この図のように、小学校教員は日本人教育のみならず現地人教育を「兼務」という形で担っていた。つまりそれぞれの学校

が孤立して存在していたのではなく、「兼務」という形で小学校・公学堂・日語支那語学校が結びついていたのである。また一方でそれぞれの学校には兼務しない教員がいた。つまり膠州湾租借地の初等教員は、兼務する教員集団と、専任の教員集団との2つの類型に分けられよう。

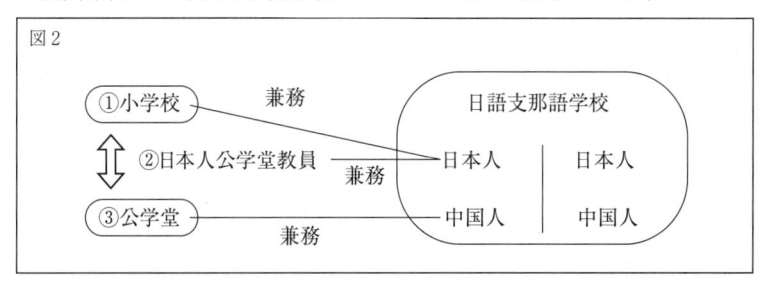

図2

```
①小学校 ――――― 兼務 ―――┐        日語支那語学校
   ↕                        ├──→ 日本人 │ 日本人
 ②日本人公学堂教員 ― 兼務 ―┤
                            │     中国人 │ 中国人
③公学堂 ――――― 兼務 ―――┘
```

　また日本人教員に注目すると、日語支那語学校、公学堂との兼務者と専任者とに分けられる。このことから、前者は小学校、特に第一青島尋高小をトップとする小学校教員ネットワークに組み込まれていたが、後者は組み込まれていなかったと考えられる。

　しかし膠州湾租借地還付後、兼務教員という形式はなくなる。そして青島守備軍小学校は居留民団立小学校となり、青島守備軍公学堂は中華民国膠澳商埠督辨公署管轄の公立小学校という形で日中それぞれの政府の管轄に分離した。そのためこの三層構造は2つの極に分離し、兼務教員が担った日本人学校と現地人学校との関係は断たれることとなった。

　本稿の成果を踏まえて今後検討すべき課題は、まずこの時期の各学校の教職員録やカリキュラム、生徒の進路、保護者の職業などさらなる教育実態の解明である。さらに、膠州湾租借地還付後の学校教育がどのように展開したのか、その実態を明らかにすることである[45]。特に兼務教員や公学堂教員がどのように日中それぞれの教員ネットワークに組み込まれていったのか明らかにする必要がある。なお史料面での課題として、『青島守備軍公報』の人事欄という限られた史料からの分析であったため私立学校などの教員については把握できなかったことが挙げられる。そのため教員人事の全体像が把握できず、漏れがどれほどあるのかすら分からない。

　なお本稿は平成21年度科学研究費補助金（特別研究奨励費）による成果の一部である。

註
1) なお中国における租借地の定義については、川島真「領域と記憶－租界・租借地・勢力範囲をめぐる言説と制度」『模索する近代日中関係　対話と共存の時代』(貴志俊彦・谷垣真理子・深町英夫編、東京大学出版会、2009年) を参照のこと。
2) 租借地内の行政権は日本側にあり、中華民国は干渉できなかった。そのため本稿では租借地内に在住した「中国人」を「現地人」と表記し、以下カッコを省略する。
3) なお、膠州湾租借地の中等教員の人事異動について論じた研究として、拙稿「帝国日本内を移動する教員」『日本の教育史学』(第52集、2009年) がある。
4) 青島守備軍民政部『大正十一年十月　民政概況』(9～10頁)。
5) これは、中国政府にとって許容できない要求を織り交ぜ、最終的には膠州湾租借地還付を代償として取り下げることで日本にとって絶対的な要求である満蒙権益の保全を押し通すことを目的にしていた (千葉功『旧外交の形成　日本外交一九〇〇～一九一九』勁草書房、2008年、400頁)。なお千葉によれば、「イギリス流の「洗練」された帝国主義外交のテクニックを採用した」という。
6) 川島真、服部龍二編著『東アジア国際政治史』(名古屋大学出版会、2007年、106頁)。
7) 近年の外交史の成果として、千葉前掲書の他に服部龍二『東アジア国際環境の変動と日本外交　1918-1931』(有斐閣、2001年) や山東問題を中国側から扱った川島真『中国近代外交の形成』(名古屋大学出版会、2004年) などがある。
8) 桂川光正「書評　本庄比佐子編『日本の青島占領と山東の社会経済 1914-22年』」(『歴史学研究』No.838、2008年、56頁)。
9) 青島市史志辨公室編『青島市志・教育志』(新華出版社、1994年)。
10) 欒玉璽『青島の都市形成史 1897-1945　市場経済の形成と展開』第7章 (思文閣出版、2009年)。
11) 本庄比佐子「膠州湾租借地内外における日本の占領地統治」(本庄比佐子編『日本の占領と山東の社会経済』東洋文庫、2006年、13～14頁)。
12) ただし、還付後の日本人学校が対支文化事業による補助を受けるようになった背景を論じた研究として、汪輝「在華日本人中等学校財政政策に関する一考察－『対支文化事業』による補助過程を中心に－」(アジア教育史学会『アジア教育史研究』第10号、2001年) 及び及び同『戦前期中国における日本居留民団の子弟教育に関する研究』(博士論文、広島大学、2002年) 第6章第1節、阿部洋『「対支文化事業」の研究－戦前期日中教育文化交流の挫折と展開－』(汲古書院、2004年、第2部第1章) がある。
13) 上沼八郎「内堀維文と山東省師範学堂」『国立教育研究所紀要』(第115集、1988年)。
14) 蔭山雅博「清末における教育近代化過程と日本人教習」前掲『日中教育文化交流と摩擦』所収。
15) 蔭山雅博「宏文学院における中国人留学生教育－清末期留日教育の一端－」『日本の教育史学』(第23集、1980年)。

16） 本庄前掲論文、2 頁及び 5 頁。
17） 青島市档案館編『中国档案館指南叢書　青島市档案館指南』(中国档案出版社、12 頁)。
18） 『秘　自大正三年十一月至大正六年九月　青島軍政史　第二巻』（陸軍省、法務省図書館所蔵、465 頁。以下『軍政史』とする）。
19） 同上 498 頁及び青島守備軍民政部『大正九年五月一日調　青島ノ教育』(第二節二小学校、甲第一青島尋常高等小学校)。
20） アルバート＝ラズロ・バラバシ『新ネットワーク思考』（日本放送協会、2002 年、94 頁）。
21） 前掲青島守備軍民政部『大正九年五月一日調　青島ノ教育』527 頁、539 ～ 542 頁及び『租借地行政及公有財産ニ関スル調査　飯島事務官編』（『山東占領地処分一件　別冊細目協定関係（公有財産問題参考資料二）』所収、外交史料館、請求番号 5-2-6-21-4-13）。
22） 『山東占領地処分一件　別冊細目協定関係（公有財産問題参考資料二）』27 ～ 28 綴。
23） 『御署名原本・大正十一年・条約第三号・山東懸案解決ニ関スル条約』（JACAR:ref.A03021421400）。
24） 『軍政史』第二巻、531 頁。
25） 『大正十年九月末調査　青島公学堂一覧』(『山東占領地処分一件　別冊細目協定関係（公有財産問題参考資料三）』所収、外交史料館、請求番号 5-2-6-21-4-13）
26） 前身である商務公局は 1902 年に設立され、1910 年に青島商務総会となった（袁榮叜『膠澳志』(『近代中国史料叢刊』第 31 集第 2 巻、文海出版社、1968 年、837 頁）。
27） 前掲『軍政史』、551 頁。
28） 同上、543 頁。
29） 前掲『膠澳志』(『近代中国史料叢刊』第 31 集第 2 巻、990 頁）。
30） 『青島守備軍公報』(312 号、1917 年 6 月 26 日発行）。
31） 『青島軍政史』第二巻、538 ～ 539 頁。
32） 槻木瑞生「「満州」の教育を創った人々」『同朋大学紀要』（第 3 号、1989 年、47 頁）。
33） 満蒙文化協会編『会員名簿』(1926 年、9 頁)。なお本史料は『人物情報大系　満洲編』（第 19 巻、皓星社）によった。
34） 谷口雲渓（水師営公学堂）「日本人の心得置くべき支那の人情風俗について」『南満教育』(41 号、1924 年 6 月)「北京の旅寓より」『南満教育』(50 号、1925 年 7 月)「支那俗諺の研究(2)」『南満教育』(58 号、1926 年 3 月)「孔子とカント」『南満教育』(59 号、1926 年 4 月)
35） 『青島日本中学校校史』（西田書店、1989 年、609 頁）。
36） 「公学堂南金書院卒業生名簿」『公学堂南金書院創立三十周年記念誌』1934 年、163 頁＝ 195 頁『『満洲・満洲国』教育資料集成』第 7 巻所収。「于常年」が同姓同名の別人の可能性は否定し得ないが、時期から考えて同一人物と考えられる。
37） 膠澳商埠財務局「一宗湛山小学校」（青島市档案館、全宗号臨 29 目録号 1 案巻号 1397 ～ 1401）。

38）前掲『山東問題細目措置ニ関スル参考資料（第一号）』129～130頁。
39）『青島軍政史』第二巻、551頁。
40）前掲『山東問題細目措置ニ関スル参考資料（第一号）』134頁。
41）坊子日支語学校『大正十一年四月　青嶋守備軍坊子日支語学校概況』（前掲『山東占領地処分一件　別冊細目協定関係（公有財産問題参考資料二）』所収）。
42）富澤芳亜「占領期の淄川炭鉱　1914-1923年」前掲『日本の占領と山東の社会経済』所収、208～209頁。
43）富澤前掲論文、表1（206頁）参照。
44）張店日支語学校『概況』（前掲『山東占領地処分一件　別冊細目協定関係（公有財産問題参考資料二）』所収）。
45）　　　公学堂が青島還付後北京政府にどのように包摂されていったのかという課題に関しては、拙稿「山東省膠澳商埠における壬戌学制の定着過程－公立小学校の生徒数の変遷を中心に－」『アジア教育史研究』（第18号、2009年）を参照のこと。

植民地体験を乗り越える同窓会
旅順工科大学同窓生の戦後

佐藤 量*

はじめに

　本稿では、中国大連市における植民地期の日本人学校を卒業した中国人を対象に、比較的日本に近い立場だったエリート層・知識層の子弟が、戦後中国社会においていかに植民地体験を記憶し表象したか考察する。

　戦前期大連には多く日本人学校があったが、日本人学校には一部のエリート層、知識層の子弟の中国人、朝鮮人、ロシア人も通っていた。日本人学校の中国人同窓生は、統治する側とされる側の両方の立場を経験した中国人である。これは大連に限った例ではなく、多民族が日常的に接触する植民地都市に顕著である。中国人学生の多くは裕福な家庭の子弟であるが、都市生活者の中国人をめぐる植民地の体験は、いわゆる満洲移民や農業開拓団のような敗戦直後の逃避行や引揚げ者としてのイメージとは異なり、裕福な暮らしであった。

　また植民地都市では日本人と関係性の深い中国人が多く、都市生活者の中国人の植民地体験は、必ずしも「抵抗と解放」を主軸とする物語に回収されない体験であった。日本人と中国人、抵抗と協力のような対立構造ではなく、白と黒がはっきりしない、いわば「グレーゾーン」[1]に立っていたのが都市生活者の中国人であり、日本人学校の中国人同窓生である。本稿では、この「グレーゾーン」の中国人同窓生が、植民地体験や学校体験をどのように記憶し表象しているのかについて、旅順工科大学同窓会を事例に考察する。

　研究方法として、集合的記憶論、ライフヒストリー研究を参照する。「過去」や「歴史」は現在の集団における価値や観念が反映されており、必

*大阪市立大学都市研究プラザGCOE特別研究員

ずしもオリジナルな出来事ではないとする集合的記憶論に依拠すれば、当事者たちの記憶は戦後中国社会において形成され、同時代の価値観が反映されたものであるといえる。同窓会の場合、戦前の出来事を振り返る内容の同窓会誌において、同窓生の集合的記憶が表れているだろう。本稿では、当事者たちの記録媒体である中国人同窓会誌と、中国人同窓生へのインタビュー調査から分析する。本稿におけるインタビュー調査は、2008年8月20日～9月1日および2009年5月24日～6月5日に中国大連市において実施した。大連市在住の旅順工科大学中国人同窓生13名に対して聞き取りを行った。

1 大連・旅順の学校と同窓会
大連・旅順

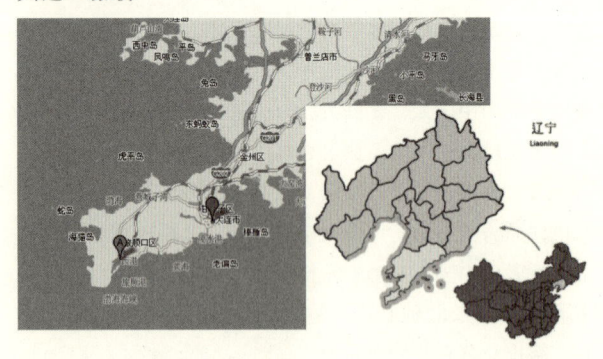

図1 大連・旅順地図（Aは旅順をさす）

　大連、旅順は、政治経済上、中国大陸における植民地経営の中枢として機能を与えるべく新たに生まれた植民地都市といえる（水内 1985）。2都市の歴史は、ロシアが1895年から1905年まで統治し、1905年から1945年までの40年間日本国が統治支配することからはじまった。ロシアはまず旅順に軍港を築き、次に大連の商業港を建設して、旅順を軍都、大連を商都と位置づけ、日本もこの計画を踏襲した。
　港の次に建設されたのが鉄道である。遼東半島の先端に位置する旅順、大連を始点として、内陸に向かって伸びる鉄道は遠くシベリア鉄道のハルピンとつながっていた。こうして港と鉄道が建設された大連・旅順は、大陸と海をつなげる結節点となり、国際的な要所となった。日本、ロシ

アの両帝国によって築かれた都市機能は現在でも活用されており、大連・旅順は中国東北部の玄関口である。

1949年10月1日に中華人民共和国が成立し、大連は中国の都市となる[2]。大連と旅順は合併し「旅大市」と改名された。その後大躍進、文化大革命を経験した中国は、1972年9月日中共同声明によって日中の国交が回復し、1978年8月には日中平和友好条約が調印され、日本と中国は政治経済だけでなく人的交流も活発化してゆく。

1980年代以降、鄧小平主導の改革開放により大連市は経済産業都市として急速に発展してゆくが、そのきっかけとなったのが1984年の「沿海開放都市」[3]の指定であった。中国中央政府の政策で、経済技術開発区を建設して沿海部の都市に積極的に外資系企業を誘致してゆくものであった。この年に「旅大市」は「大連市」に改名される。その後も大連の経済成長は継続するが、その最大のパートナーとなったのが日本であった。大連、旅順には3000以上の日系企業が林立しており、近年では旅順大連間の沿岸部がソフトウェアパークとして世界のIT企業が集中する地区となっている。

中国人の学校

日本は、大連統治の初期の段階で学校を設置した。最初に作られたのは中国人向けの初等教育機関で、1904年にさかのぼる[4]。中国人向けの初等教育機関は、都市部と農漁村部において区別され、都市における教育機関は公学堂と呼ばれ、農魚村部における機関は普通学堂と呼ばれた[5]。多くの中国人子弟が公学堂や普通学堂に通い、中には中学校、大学、専門学校に進学する者もいたが、中国人向け中等教育機関[6]に進学する者や、日本人向けの中学校や大学に進学する者などさまざまであった。

旅順工科大学について

本稿では、日本人と中国人の関係性をテーマとするが、とりわけ日本人学校のなかでも学生同士のつながりが密接だった旅順工科大学を取り上げる。旅順工科大学は予科と本科があり、大学に入るための高等教育機関として予科を3年間設け、4年制の本科に進学した[7]。そのうち予科は全寮制で、大学に併設された「興亜寮」という学生寮で3年間生活

図2 旅順工科大学本館（現海軍病院　2009年5月筆者撮影）

した。

ここでは日本人、中国人が混合で編成された同じ部屋で、各部屋10名ほどの共同生活を送っていた。植民地空間にありながらにして日本人と中国人学生が同じ部屋で暮らした生活体験は特異であり、自宅から学校に通った小学生や中学生の生活体験とは大きく異なるものであった。共同生活を体験した中国人学生の植民地体験は、被害／加害、あるいは植民地／宗主国などの単純な二項対立では捉えきることはできない。

また、旅順工科大学を取り上げるもう一つの理由に、卒業生の活躍がある。旅順工科大学は1910年5月開校し、1945年9月に閉校するまでの35年間で3315人の学生が就学した。そのうち中国人学生が276名で、全体の8％を占め、最初の中国人卒業生は1920年に卒業した。理工系の専門大学のため卒業後は技術職に就く者が多い。戦後中国が重工業化を推進し、とりわけ旅順、大連地区は、造船、鉄工、製油業などが国家の重点拠点として位置づけられてゆくが、旅順工科大学卒業生の中国人はこうした産業の中心的役割を担ってゆく。また1960年代に大連市長を務めた喬徳振など、地方行政や中央政府に携わった卒業生も多く、旅順、大連地区の工業化を主導した。

多くの中国人卒業生が重工業に従事したことは、戦後の日中関係に大きな意味をもった。戦後日本と中国がまだ国交がない時代、とりわけ1950年代に民間貿易によって交流を進めていた。1958年の第4次貿易協定や日中鉄鋼長期貿易協定が示すように、日本と中国は鉄工業をはじめとする重工業が取引の中心であった[8]。中国は日本で生産された鉄工製品および高度な技術を求め、日本は中国で採掘された鉄鉱石や石炭など原材料を求めた。政治的な国交回復の見通しが立たない一方で、双方の経済的利害は一致していた。

この時代に日中両国政府が関心を寄せたのが、旅順工科大学卒業生である。1958年に旅順工科大学卒業生の日本人6名が、周恩来、劉少奇、陳毅らの招きによって訪中し、およそ40日間かけて中国全土の重工業化が進められている場所を視察し、講演会を開催した[9]。この時、日本側の訪中団をエスコートしたのが旅順工科大学の中国人卒業生であった。ここに植民地期に由来する日中同窓生のつながりが、1950年代の新中国建設と結びついてゆくが、この点については別紙にて言及する。旅順工科大学の日本人と中国人の同窓関係は、単純なノスタルジーに終始するのではなく、戦後の日中の経済的政治的関係にも影響しており、研究対象として旅順工科大学を取り上げる意義がここにある。

旅順工科大学中国人同窓会

　本稿では、旅順工科大学の中国人同窓生を取り上げるが、一般的に中国人社会では、地縁的結びつきの強い小学校を除いて、友人同士の集団以外に同窓会という組織をわざわざ形成する習慣は少ない(黄2007)。同じクラスの友人同士が集まることはあっても、学校全体や学年全体で集合することはない。それにもかかわらず日本人学校に通った中国人は同窓会を形成した。では、なぜ日本人学校を卒業した中国人は同窓会を組織したのだろうか。その答えを得る糸口は、中国人同窓生の記述と語りにあるだろう。

　旅順工科大学同窓会は、戦前から続く長い歴史を持つ。設立されたのは1921年(大正10年)である。そのため膨大な同窓会資料が存在する。これらの同窓会誌には日本人や中国人の文章が寄せられており、戦前の同窓会誌からは学生寮での生活の様子がうかがえる。同窓会誌は各時代によって名称が異なるが、ここで簡単に紹介する。

図3　旅順工科大学中国人同窓会誌
2003年12月発行

1921年(大正10年)から発行されていたのが『旅順興亜技術同志会』である。その後、1931年(昭和6年)からは『興亜』と改名した。また、卒業生だけでなく在校生による活動もあり、予科から本科までの学生は『霊陽』という機関誌を、1910年(明治43年)～1943年(昭和18年)まで発行していた。さらに在校生のなかでも興亜寮で生活していた寮生による機関誌『うずら』も1916年(大正5年)～1943年(昭和18年)まで発行されている。しかし終戦によって学校が閉鎖され、日本人が引揚げたことで同窓会活動はいったん休止する。

日本に引揚げた日本人卒業生は、1948年に東京日本橋に同窓会事務所を設けて活動を再開し、同窓会誌『興亜』を発行しはじめた。その後全国に散らばった同窓生が集まりはじめ1960年代には会員数が300名以上となる。1970年代後半には中国人同窓会も活動を再開したが、1976年に文化大革命が終結したばかりで、メンバー構成は限定的であった。

中国人同窓会が本格的に活動を開始するのは1985年からである。この時期は改革開放政策が浸透し始めているころであり、1984年に大連が沿海開放都市に指定され、日本との関係が注目されはじめていた。こうした時代的背景から、1980年代に再び組織された中国人だけ同窓会は、日本で見られる通常の同窓会のようなノスタルジーを共有する場としだけではなく、人間関係を活用した経済的機能を含んだ公私両面を備えた同窓会である。

中国人同窓会はこのころより同窓会誌を作成しはじめたが、ノスタルジー的記述と経済的記述が混在する同窓会誌であった。旅順工科大学の同窓会誌は、1921年から2009年まで形を変えながら継続してきたが、ここに記された中国人同窓生の記述は、貴重な歴史的証言であり、記憶の表象である。中国人同窓生にとっての植民地体験はいかに記憶され、表象されているのか。そして、植民地体験を記述することと、同窓会を組織することはどのように関係しているのだろうか。これら膨大な資料と証言から考察する。

2　先行研究
集合的記憶論

記憶の表象について、モーリス・アルバックスの『集合的記憶』は

1950年に刊行されたが、いまなお記憶研究の基礎研究と位置付けられる。アルバックスによれば、「過去」や「歴史」はオリジナルなものでなく、現在の集団による価値や観念が反映されたものである。集合的記憶とは、個人個人の思い出や記憶が堆積してできあがるのではなく、様々な他者や集団、空間、物質との相互関係によって支えられながら構成されており、想起される「過去」の出来事は、限定された大きな集団や空間による集合的記憶に依拠し、もはやその「過去」の出来事はオリジナルなものではなく、現在の集団における価値や観念が反映されている「過去」である。

　この視点に立ったとき、同窓会とはいわば「記憶の場」であって、集合的記憶が形成される場であると考えることができるだろう。つまり同窓会で語られる「過去」の出来事、同窓会誌につづられる「過去」の記憶は、必ずしもオリジナルなものではなく、現在の集団(たとえばその他の同窓会、社会、国家など)における価値や観念が反映されており、さらに個人個人の記憶とは別のものであると仮説できる。では同窓会や同窓会誌で表象される記憶と、当事者個人の記憶はどのように異なるのだろうか。その分析方法としてこの集合的記憶論を参照する。

ライフヒストリー研究

　社会学、人類学におけるオーラルヒストリー研究、ライフヒストリー研究は、当該社会における支配的な言説であるマスター・ナラティヴのもとで、見えないもの(存在しないもの)とされてきたマイノリティの声を聞き取る可能性を志向してきた(坂部,2008)。

　たとえば満洲移民や農業開拓団の戦後史の研究は、戦後日本社会におけるマイノリティとし位置付けられ、移民を送り出した日本社会が戦後かれらを「負の遺産」として抑圧し、また忘却してきたことが指摘されてきた(蘭 2007, 南 2007)。また、戦後社会の歴史認識と引揚者の語りに示される歴史認識のあいだの大きなギャップがあることもまた指摘されている(猪股 2006)。これらは、全体社会としての戦後日本の言説空間と日本人移民との関係が中心的な議論であるといえる。

　これに対して坂部晶子は、植民地体験者である中国人当事者からみた経験世界への視点を含めて、植民地社会をどのようにとらえ、その経験

をどのように記述してゆくかについての関心は希薄であったと指摘している (坂部 2008)。これまでの研究史を概観すると、研究の対象が日本人に集中し、中国人は必ずしも十分な研究対象となってこなかった。本稿では、坂部の指摘に即して「中国人当事者からみた経験世界」に焦点をあてる。

中国人当事者のライフヒストリーに対して坂部は、「植民地体験に対するライフヒストリー研究においては、その社会に生きる主体を規定するマクロな構造的局面そのものの変転とあわせて、それぞれの当事者が生き延びていった解放後の中国東北と戦後日本というそれぞれの社会との対峙のあり方という、より複雑で錯綜した局面を捉える必要がある」(坂部 2008) と述べている。

大連の中国人同窓生にとって 1945 年 8 月 15 日は、植民地解放という大きな出来事である一方で、戦後も続く構造転換のひとつである。植民地解放からはじまった戦後は、国共内戦、新中国建国、文化大革命、日中国交回復、改革開放というように構造転換の連続であった。中国人同窓生は、それぞれの時代でそれぞれの社会といかに対峙してきたか。中国人同窓生の姿勢を当事者のライフヒストリーから描いてゆく。

3 大連市におけるマスター・ナラティヴ
大連の歴史とナショナルな歴史

同窓会の集合的記憶は、国家の記憶であるマスター・ナラティヴとどのように関係しているだろうか。本章では中国、大連をめぐる歴史記述について述べる。

大連の歴史は 100 年あまりで短い。しかし大連市人民政府の公式文言は、6000 年前から記述されはじめる。

6000 年前、我々の祖先により大連地区が開発された。秦、漢の時代、大連地区は遼東郡の管轄となり、唐時代初期は、安東都護府積利州の管轄となり、遼の時代は東京通遼陽府の所轄となった。魏、晋の時代、大連地区は三山と呼ばれ、唐代になると三山浦、明、清の時代には三山海口や青泥窪口と呼ばれていた。19 世紀 80 年代、清政府は現在の大連湾北岸辺りに桟橋を掛けたり、砲台と水雷営舎を造るなどして、当時の大

連地区を小さな鎮に変貌させた。帝政ロシアの占領時、大連地区は「青泥窪」の呼び名で知られ、1899 年になり初めて「大連市」と名付けられた。

大連市人民政府発行『大連年鑑 2008』「大連の歴史」項目筆者抜粋翻訳

　中国数千年の歴史の一部としての大連の歴史が描かれている。こうした書式は、公文書以外の研究書でも同様な様式をとる[10]。とはいえ大連の場合、20 世紀以降の歴史記述がもっとも多い。それはロシア、日本による植民地統治の歴史であり、1949 年以降の新中国建設の歴史である。

　　第 1 次、第 2 次鴉片(アヘン)戦争時、イギリス軍も大連を侵略した。近代の歴史において大連は日清戦争と日露戦争の主戦場であり、約半世紀の間ロシアと日本の植民地にされ、日本が植民地とした歴史は 40 年間もあった。1945 年 8 月、日本の無条件降伏宣言により、大連市はようやく植民地の時代を終え、反ファシスト戦争から解放された。同年 9 月、大連市労働組合準備委員会が設立され、10 月には中国共産党大連市委員会と大連市政府が成立した。その後 1946 年 7 月に旅大地区委員会に改名された。大連市は 1949 年から 1956 年にかけて基本的な社会主義改造を完成し、1957 年から 1966 年まで全面的に社会主義建設を始め、1966 年から 1976 年にかけて「プロレタリア大革命」を経験し、1976 年から現代化社会主義建設の新しい時期に入った。1984 年には国務院が大連を沿海開放都市と批准し、1985 年、政令指定都市に指定されたことで、大連市は省レベルの経済管理権限を持つようになった。

大連市人民政府発行『大連年鑑 2008』「大連の歴史」項目筆者抜粋翻訳

　大連の 20 世紀の歴史は、帝国による植民地統治と、新中国建設の歴史である。しかし大連に限らず中国の多くの都市は同様な歴史をたどっている。中国の 20 世紀は、帝国列強による植民地統治の歴史とそれにたいする抵抗 (抗日) と国共内戦、その結果としての新中国建設、愛国へのプロセスは、中国のナショナルな言説といえる。それを示すように、中国の国立博物館の展示方法は、この言説によって構成されている。た

とえば、筆者がこれまで訪れた北京の盧溝橋博物館や、ハルピンの抗日博物館、瀋陽の9.18事変記念館などは、いずれも抗日→解放→国共内戦→建国→愛国という展示ストーリーとなっている。大連の歴史は、マスター・ナラティヴである中国の歴史と同様な言説のもとで記述されている。

経済と中日友好

しかし、「抗日」としての日本の記述は、1980年代以降次第に変化してゆく。日本を植民者とする批判的な歴史的視点だけでなく、「中日友好」を掲げた経済的視点が加わることになる。改革開放政策の指導者である鄧小平は、文化大革命終結直後の1978年に日本を訪れ新幹線に乗り、日本の技術の先進技術と経済力を学ぶことの必要性を説いている。これは1950年代に周恩来や劉少奇が進めようとした路線と重なる。

日本との関係を重視した外交政策は、大連においても実践された。この政策を積極的に指揮したのが大連市長魏富海である。魏市長が在任した1983年から1993年まで10年間、大連が急速に経済発展を遂げ、魏氏の功績は現在でも語られる。魏氏は日本との関係性を重視した経済政策を実施したが、注目すべきは中国人同窓生を重視した点である。

> 「同窓会はいわば「人的インフラ」である。植民地期の大連に由来する大連と日本の古い友人関係は、大連の発展に大きな影響をもたらす。」
>
> 1986年9月15日付『大連日報』より抜粋

大連市長がこのような立場を表明したことから、中国人同窓会「中日友好学友会」は社団法人化し、大連市人民政府内に事務所を設けた。「人的インフラ」としての同窓会は、とりわけ日本に対する対外政策の窓口として機能することを期待されたのである。同窓会は民間企業の注目も集めており、北京で出版する唯一の日本語総合月刊誌『人民中国』の副編集長邱南英氏は、1992年に中日友好学友会会長郭永泂に取材して雑誌の特集を組んだ。そこでは中日友好学友会と日本側同窓会の密接な交流が中日友好事業や経済交流事業に役割を果たしていることが取り上げ

られた[11]。

　また、現在の中日友好学友会会長である杜鳳剛会長は、筆者によるインタビューのなかで、同窓会が政府の注目を集めた背景を端的に述べている。

　　「大連が沿海開放都市に選ばれたのは日本との関係を密にして経済
　　成長を遂げるためであり、日本と関係の深い植民地体験を持つ中国
　　人が多く住んでいるからです。」
　　　　　　　　　　　　　　　　　　　2008年5月27日大連理工大学にて

現在の大連市長夏徳仁もまた日本との関係の重要性について述べている。

　　「大連市の対外貿易量の3分の1を日本が占めている。日本と中国
　　の貿易関係においても日本が最大の貿易相手国である。日本との関
　　係性を保つことは中国の国益であり、大連が中日友好を推し進める
　　ことは国家成長に貢献する。」
　　　　　　　　2009年6月22日付『大連日報』「夏徳仁大連市長談」筆者抜粋翻訳

　以上のように、大連市政府のマスター・ナラティヴにあらわれる日本言説は、1980年代の改革開放をさかいに大きく変化する。新中国建設への物語は、抗日や植民地解放を原動力とした言説となっている。しかし改革開放以降の物語は、中日友好や経済協力が原動力となっていた。日本人学校の通った中国人同窓生は、新中国建設の言説のなかでは一切登場しないが、改革開放後に「人的インフラ」としての機能を付与されている。大連と中国中央政府の言説は連動し、中国人同窓会をめぐる言説もまた政治や経済と連動していた。

4 同窓会の集合的記憶
旅順工科大学中国人同窓会誌『中国学同記念資料集』
　では中国人同窓会は自らをどのように語っているのだろうか。中国人同窓会の語りは、マスター・ナラティヴと当事者の個別的な植民地体験

のあいだを相互に往復しながら形成された集合的記憶であり、どちらか一方からのみ規定されるものではないと考えられる。中国人同窓会誌『中国学同記念資料集』は、2003年に編集され120ページほどで構成されている。旅順工科大学の概要と40人ほどの中国人卒業生の文章が採録されているが、寄せられた文章は1998年〜2003年の間に寄稿されたものである。中国同窓生たちの言葉を概観すると、主な話題は以下の3点に集約できる。

1つ目は学校生活のことであり、なかでも「興亜寮での生活と抗日」については、もっとも多くの記述がある。2つ目は「植民地解放、建国」についてである。3つ目は「中日友好」についてである。

興亜寮での生活と抗日

興亜寮での生活を記した記述は多い。以下はその内容を抜粋して要約したものである。

学生寮「興亜寮」で生活は日本人も中国人も混合であった。食堂は一つで初期のころは中国人も日本食を食べていた。しかし、これに不満をもった中国人学生が中国食も出すべきだと訴え、中国食も選べるようになった。だが1943年からは再び日本食に戻ってしまったという。また、1931年の9.18事変(満洲事変)のときには興亜寮の中国人と日本人で対立が起きた。たちまち先生からの監視の目が厳しくなったが、常にとがめられるのは中国人学生だった。9.18事変後に偽満洲国が誕生して満洲国の地図が出版された。この地図は大学の自習室にも貼られていたが、同級生の台湾籍の友人とともにはがしたとたん、たいへんな剣幕で怒られた。戦争が進むと学校当局は中国人学生にも軍国主義の思想教育を毎日おこなった。興亜寮の寮長に「徳永」という日本人がいた。彼は軍国主義者でよく中国人学生を監禁して指導していた。私たちはこれは民族隔離だとか中国学生への迫害だと訴えたが聞き入れられなかった。1943年ころには満洲各地の大学の中国人学生が反満抗日容疑で入獄されており、興亜寮の中国人も不安な日々を過ごしていた。

以上のような日本人学生との対立や、中国人学生同士の友情、日本の軍国主義への抗議活動などが記述内容の多くを占めている。

植民地解放、建国

　学生時代に中国大陸を旅行したときに、ある場所の博物館で「国辱展覧会」をみた。これはアヘン戦争以来、帝国列強に侵略される中国の歴史が展示されたものだった。中国人としてこれほどの屈辱を体験したことはなかった。1945 年 8 月 15 日は永遠に忘れることができない。中国は抗日戦争に勝ったのだ。私たちは日本に屈指なかったのだ。日本軍国主義が去った 7 日後の 8 月 22 日ソ連軍が旅順と大連にやってきた。私たちはソ連の旗をもって街頭に出て解放を祝った。小学生たちは皆で歌を歌っている。「8 月 15 日は忘れない　国土が私たちのもとに戻ってきた　40 年間におよぶ苦痛も　今太陽の光りに照らされている」。この時期の記述の特徴として、抗日、植民地解放、建国という 1945 年から 1949 年までの転換期の出来事が晴れ晴れと記されていることがあげられる。

中日友好

　1980 年以降の中日友好の記述は分量が多い。とくに中日友好学友会と連携して取り組んだ事業などは詳細に記述されている。

　「かつて大連に住んでいた日本の友人たちとの交流は、大連と日本の科学技術や文化の交流および経済協力である。学友会はその媒介として作用している。」（1990 年 4 月 22 日）

　「学友会は外資導入のためにリーダーシップを発揮し、大連の経済促進と科学技術、工業、農業、商業の発展に貢献する組織である。」　（1994 年 12 月 4 日）

　「近年大連は外国人観光客が増加傾向にあるが、とりわけかつて大連に住んでいた日本人同窓生の数が多い。彼らの大半は大連に来る前に我々同窓生に連絡を取り、同窓生もまた日本人同窓生と再会する。毎年 2 回、3 回と大連にやってくるが、彼らを接待することは大連の観光事業の発展にも作用している。」（1996 年 12 月 5 日）

　同窓会は、科学技術、農業、商業、観光などあらゆる分野で窓口となって活動したことが記されている。「大連の発展」や「国家の発展」を求

めるような言説が並んでいる。

　以上のように、同窓会誌に記されている内容は、抗日、解放、建国、改革解放、中日友好が中心的なテーマであった。同時にここで思いおこされるのが、大連および中国のマスター・ナラティヴである。上記の同窓会誌の言説はマスター・ナラティヴと類似しており、ナショナルな語りと齟齬しないものであった。

　しかし空白の時間がある。文化大革命の時期である。中国人同窓生は1966年から1976年にかけての出来事をほとんど記していない。日本の学校に通った中国人同窓生にとって文化大革命がどのような出来事だったかは推測できる。実際、多くの中国人同窓生が農村部における強制労働を強いられた。いわゆる下放である。

　文革期の記述は、国家のために働いたという程度にとどまる。「建国からすでに50年が経過した。我々は大連市民の一員として現代大連の都市開発のために自己の力を尽くしてきた。」というように、多くを語らない。中国人同窓生は、農村における過酷な肉体労働を経験したのち、1980年代以降再び大連に戻り、今度は「人的インフラ」として中国と日本の関係性を取り持つことを求められたのである。

5　個人の語り

　当然のことながら、植民地経験のなかには、この集合的な物語の枠組みからこぼれおちる記憶も存在するだろう。つまり同窓会誌に書かれていることが、同窓生が語ることのすべてではない。では、中国人同窓生の個別な体験はいったいどのように記憶されているのだろうか。筆者がこれまでに出会った中国人同窓生の語りはバラエティに富んだものであった。

「興亜寮では仲良くやっていた」

　興亜寮の体験は同窓会誌に多く登場していたように、大勢の中国人同窓生にとってもっとも思い出深い場所のひとつだった。日本人とはよく喧嘩をしたけれどでもそれは日本人同士でもよくやるような喧嘩と同じで、喧嘩が終われば仲良くやっていた。部活動も同じだったし、日本人の友人もたくさんいた。日本人は廊下ですれ違うと「おす」というのが

面白くて、親しみがあって楽しかった。特定のイデオロギーによって学生以外の権力が興亜寮に介入して中国人学生がいじめられることはなかった。ただ徳永という寮長はほんとうに軍国主義者でみんが苦しめられた。

「日本の敗戦によって無国籍状態となった」

こう語ってくれたのは、朝鮮人の両親を持ち、創始改名を受けて家族で大連に移住して、日本人として学校で学んだものの、敗戦によって国籍を失った中国人である。中国籍を取得したのは 1947 年のため、およそ 2 年間無国籍であった。「日本人が戦争に負けて大連から引揚げてゆく光景はたまらなくさびしかった。置き去りにされる気持ちだった。それからの大連生活は厳しいもので玄関先に掲げる太極旗が家族の安全を守った。」この人は中国人同窓生の枠組みからも外れるさらにマイノリティな立場である。このような立場の人々は少なくなく、大連に生活し続けられない人々も多かったという。しかしこの人は多くの国家と関係した自らの植民地体験を多言語習得者として解釈し、各国との通訳に活かしながら生活してゆく。改革開放後は大連市内の大学教員となった。

「敗戦後も日本人上司のもとで勤務し続けた」

大学卒業後に大連市内の日本の製薬会社に就職したある中国人同窓生は、自身の会社がすぐに大連から撤退しなかったことを語っていた。この会社の日本人上司は大連にとどまり、1970 年代半ばころまで大連にいたという。「戦後も大連に残った日本人は少ないがこの上司のおかげで製薬会社は中国の会社として再出発することができた。私たちは大学を出たばかりで技術も乏しく、中国では戦後しばらく内戦も続いて技術者の育成が著しく低下していた。彼のような優秀な技術者がいたから今でもこの製薬会社は大連で営業しているようなものだ」。しかし現在でも大連で営業する製薬会社 A 社は、戦前は日本の会社であったことを公表していない。戦前と戦後の転換点に個人レベルでの人的交流が生じていたが、会社の集合的記憶からは忘却される出来事であった。

「日本人同窓生は我々が中国で生きてゆくために必要なパートナーだ」

上記の製薬会社に勤務した中国人はつづけていう。「文化大革命ではたいへんな思いをした同窓生は多いと思う。同窓会でもそのことはできるだけ触れないようにしている。でも私たちが日本人の大学を卒業していることは事実だし、いまさらどうしようもない。そこで出会った日本人の友人はほんとうに優秀な方々が多くて、日本に帰国してからも優秀な会社で務めているよ。そして改革解放以後その優秀な会社がどんどん大連にやってくるようになりました。だから私たちはその窓口を作ったんです。」その窓口が「大連市中日友好学友会」[12)]である。大連市中日友好学友会は、1985年に発足した中国人だけの同窓会である。旅順、大連の日本人学校を卒業した約300名の中国人が集まって組織し、ノスタルジーよりも経済的機能を優先させた商工会議所のような同窓会であった。旅順工科大学卒業の中国中央政府幹部が政府の意向を取り入れた、公的な側面を備えた同窓会である。

この中国人同窓生はいう。「わたしたちは日本人学校を卒業したことで戦後迫害を受けてが、改革開放後はその体験を活かすことができた。日本人同窓生との友情は、過去を懐かしむだけでなく、中国社会で私たちが生きてゆくためにとても大切な人間関係でした。」

中国人同窓生たちはすでに引退しており世代交代が進んでいるが、この団体がかつて日本人学校の中国人同窓生が中国社会で生きてゆくために設立したものであることを知る人はあまりいない。

以上のように、中国人同窓生の個別の語りは、同窓会誌の記述と異なっていた。その結果、同窓会誌では強力なマスター・ナラティヴに対して、語れることと語れないことが分別されていたことが明らかとなった。その背景には、戦後中国社会の構造転換のなかで、中国人同窓生が自らの植民地体験と対峙していかざるをえなかった状況がうかがえる。問われ責められる自らの過去と対峙せざるを得ない以上、過去とどのように向き合い自らを表象してゆくか。同窓会誌にあらわれたマスター・ナラティヴに寄り添うような姿は、その苦悩を物語っていた。

筆者が聞くことのできた中国人同窓生の語りは、同窓会誌と比べて比較的自由なものだった。すでに文革が終わって30年が経過しており「なんでも話すよ」という姿勢を見せてくれた。しかし、すべてが自由では

ない。実名や個人を特定できるような具体事例の表記は避けてほしいと注意を促された。ここに、いまだ拭い去ることのできない記憶を垣間見ると同時に、植民地体験が中国人同窓生の人生を規定し続けていることを改めて確認することができる。

おわりに

　日本人学校で学んだ中国人同窓生にとっての植民地体験は、1945年で終るものではなく、戦後から現在に至るまでの生活を規定するものであった。植民する側と植民される側の両者を内包した不安定で混沌とした立場を体験し、文革が終わっても不安定であることには変わらない。それでも中国人同窓生は、同窓会を作り、自らの体験を書ける範囲内で記述した。ある中国人同窓生はインタビューのなかで、「中国人同窓生が戦後中国社会で生きてゆくためにとても大切な人間関係」と語ったが、これは日本人同窓生との関係性だけではなく、同じ境遇の中国人同窓生との関係も指し示しているだろう。中国人同窓生が同窓会を組織するのは、過酷な戦後中国社会を生き抜くためであった。

　日本と中国の経済関係をめぐる公的な場において、自分たちの経験や人間関係は活かすことができ、それは日中両国家にとっても、大連にとっても、役に立つものである。中国人同窓生は、私的な同窓会という場を、公的に活用することで、自らの生存価値を表現した。それは、戦後の中国社会と対峙する中国人同窓生にとって、生存のために必要な生存戦略であった。これは歴史の転換点を生きた人々の巧みな生活実践である。

註
1) 「グレーゾーン」については、尹海東「植民地認識の「グレーゾーン」日帝下の「公共性」と規律権力」(『現代思想』30-6、pp132-147、青土社、2002年)、三尾裕子「植民地下の「グレーゾーン」における「異質化の語り」の可能性:『民俗台湾』を例に」(『アジア・アフリカ言語文化研究』71、pp181-203、2006年)、鈴木将久「「対日文化協力者」の声——陶晶孫を中心として」(高綱博文編著『戦時上海——1937年〜45年』研文出版、2005年)、古厩忠夫「戦後地域社会の再編と対日協力者」(姫田光義編著『戦後中国国民政府史の研究』中央大学出版部、2001年)、などを参照されたい。また「グレーゾーン」と中国人同窓会の関係性については、現在別稿にて執筆中である。
2) 太平洋戦争の終結直後の1945年8月22日、日本に変わってソ連軍が大連に進出した。ソ連軍統治のもと1945年に旅順とあわせて「旅大市」と改名

され、同年「旅大市政府」が誕生する。なお、日本が建設した大連神社や西本願寺は終戦直後に解体されたが、そのほかの建物はほとんどがそのまま使用された。例えば旧日本人住宅は、旅大市政府が所有し住宅困窮者に分配することで住宅不足を緩和させた。『大連・解放40年史』[董 1988]によると、発足直後の旅大市政府は1945年11月に、「日本および傀儡政府(満洲国政府)のすべての軍財産、政府財産の接収あるいは没収に関する規定」を公布し、大連地区内の、日本および傀儡政府の土地、家屋400万3580㎡を接収あるいは没収することを決定した。この結果、1946年7月〜1947年5月までに計3回住宅調整を行い、合計2万3900世帯の貧民層のために旧日本人・ロシア人住宅を分配し、これによって全市30％の人口が洋風住宅に入居した。この結果、古い住宅はそのまま保存され、旧住宅の多くは今でも当時と同じように使用されている。

3) 「沿海開放都市」には全国で14都市が選出される。以下が14都市。大連、秦皇島、天津、煙台、青島、連雲港、南通、上海、寧波、温州、福州、広州、湛江、北海。「沿海開放都市」には「経済技術開発区」という別個の都市とも見える巨大なゾーンが既存の都市に隣接して作られた。ここには世界中の企業が集まり、会社や事務所だけでなく、マンションやショッピングモール、学校、公園が設置された人工都市である。上海にはこの開発区が3つあるが、それ以外の都市には1つずつ設置されている。東北地区唯一の沿海開放都市である大連の開発区は、中心部からおよそ27キロ離れた沿海部に設置された。2002年から大連市内に通じる軽便高速電車が開通し、大連中心部までおよそ20分で到着する。2003年現在、この開発区には1500社の外資系企業が誘致されており、420社が日系企業である。

4) 明治37年(1904年)12月大連郊外の金州に南京書院設立。(關東局編『關東局施政30年史』(1936年)、pp194参照)

5) 關東局編『關東局施政30年史』(1936年)、pp194-195参照。

6) 旅順、大連地区の中国人向けの中等教育機関には、旅順高等公学校(旅順師範学校と旅順第2中学校が前進)がある。昭和10年当時、生徒数430名、学級数9であった。關東局編『關東局施政30年史』(1936年)、pp200参照。

7) そのほか、予科に入学する中国人学生のために、日本語教育などを実施する「予備科」も設けられていた。修業期間は1年である。(關東局編『關東局施政30年史』(1936年)、pp203〜204参照。

8) 田桓主編『戦後中日関系史(1945-1995)-戦後中日関系史叢書』(中国社会科学, 2002年)、pp151-153参照。

9) 訪中については、旅順工科大学同窓会誌『興亜』昭和33年1月号〜昭和33年9月号の記事に詳述されている。

10) 李振遠『大連文化解読』(大連出版社、2008)および素素『流光砕影』(大連出版社、2008年)参照。

11) 1992年2月『人民中国』の記事参照。

12) 「中日友好学友会」については、拙稿「国境を越える同窓会——植民地期大連の日本人学校同窓会の分析を通して」「満洲国」文学研究会論集『中国東北文化研究の広場』(第2号, pp103〜114, 2009年3月)で詳しく述べている。

参考文献

未公刊資料
旅順工科大学中国人同窓会編『中国同学記念資料集』2003 年 12 月

文献
・蘭信三『「満洲移民」の歴史社会学』行路社、1994 年
・蘭信三編『「中国帰国者」の生活世界』行路社、2000 年
・アルバックス，M 著　小関藤一郎訳『集合的記憶』行路社、[1989]1999 年
・關東局編『關東局施政 30 年史』、1936 年
・田桓 主編『戦後中日関系史 (1945-1995)—戦後中日関系史叢書』中国社会科学、2002 年
・坂部晶子『「満洲」経験の社会学』世界思想社、2008 年．
・佐藤量「植民地都市をめぐる集合的記憶——「たうんまっぷ大連」の形成プロセスを事例に——」『Core Ethics』Vol.4、立命館大学大学院先端総合学術研究科、2008 年、pp.131 〜 148.
・素素『流光砕影』大連出版社、2008 年
・大連市人民政府編『大連年鑑 2008』大連市人民政府、2008 年
・黄順姫『同窓会の社会学　学校的身体文化・信頼・ネットワーク』世界思想社、2007 年．
・福岡愛子『文化大革命の記憶と忘却——回想録の出版にみる記憶の個人化と共同化』新曜社、2008 年
・水内俊雄「植民地都市大連の都市形成」『人文地理』37(5)、1985 年、pp.50 〜 67.
・李振遠『大連文化解読』大連出版社、2008 年
・伊海東「植民地の認識「グレーゾーン」日帝下の「公共性」と規律権力」『現代思想』30-6、pp132 〜 147、青土社　2002

Ⅲ．旅の記録

「台湾教育史遺構調査」（その2）

台中県外埔郷「志賀先生之墓」と
台北県九份国民小学「故吉原末太郎先生之碑」、
同県金爪石「二宮金次郎像」

白柳弘幸＊

　台湾各地に戦前の教育に関係する石造物が残されている。今回、「志賀先生之墓」「故吉原末太郎先生之碑」「二宮金次郎像」の紹介を行う。「志賀先生之墓」と「故吉原末太郎先生之碑」は日本国内でいう筆子塚といえるものになる。

1　志賀先生之墓　台中県外埔郷

　外埔郷への最寄り駅となる大甲駅へは、台北から西部幹線海線経由の復興号で2時間半程の距離。大甲は台湾独特の頭頂部の尖った大甲帽の産地として栄え、大陸との行き来も盛んで華僑や豪商を生み出した町である。市の中心部から北東へ約3キロの所に鄭成功の旧跡が残されている鉄砧山（てっちんざん）という小高い山があり、その南側山腹に大甲の聖人と称えられる志賀哲太郎の「志賀先生之墓」（写真1）が建つ。墓は自然石で土台からの高さも入れると3メートルを優に超える。
　志賀は1866（慶応2）年8月28日、熊本県上益城郡津森村に

写真1

＊玉川大学教育博物館

生まれた。幼い時から四書五経などの学問を好み上京し法律学び、政界に関わり新聞記者として活躍したが、政界の汚さに嫌気がさし袂を分った。折しも日清戦争後と重なり、新領土となった台湾人子弟の教育に尽くそうと渡台。1896（明治29）年12月のことであった。渡台後、家永苗栗県知事の知る所となり1899（明治32年）4月、大甲公学校の代用教員として採用された。公学校が台湾全土に開設された、その翌年のことである。

　公学校が開設されたといっても従来の国語伝習所を改称したもので、大甲では当地の文昌廟の一角につくられ、生徒数は40名余。志賀は貧しい家の子どもには石筆や鉛筆、紙を与え、病気の子へは家庭訪問をして牛乳、菓子、果物、絵本などを持って見舞い、授業料の払えない教え子の学費を援助するなど心を遣った。教室内では厳しいだけではなく理解できない子へはやさしく手をとって接し、教え子の家に招待されると羽織袴をつけて訪問し親たちと一緒に盃を傾けた。

　領台後の台湾では、新しい法制度が施行された。そのため、志賀は当地の役所と衝突する大甲の人々の楯となった。役所は志賀に正規の雇用を約束し転勤を促すが、志賀は栄達を望まず一生を代用教員として過ごす信念であった。そうした愚直なまでの生き様は肥後もっこすの最たるものであろう。結果、1924（大正13）年12月29日、志賀は大甲渓に近い山脚水源地に入水。紋付羽織袴の正装で下駄が揃えて置かれ、覚悟の自死であった。志賀の死について、『大甲の聖人　志賀哲太郎伝』（以下、伝記）の著者である桑野豊助は、かつて自らも自由民権運動に身を投じていたので、台湾の民族運動を理解しつつも、代用教員とはいえ日本人官吏の一人としての板挟みからの決断であったろうと推測した。桑野が取材のため大甲を訪問した時、志賀の教え子たちが、半世紀以上も昔の恩師の思い出を昨日のことのように話す様子に感動したことが、『伝記』に詳しく述べられている。

　戦後、中華民国政府が日本大使館からの要請で、台湾各地に残されている日本人の墓を荒らされたりしないようにするため1カ所にまとめることにした。しかし、教え子たちは恩師の墓は自分たちで守ると、その申し出を拒んだ。今、鉄砧山山腹には、1926（大正15）年に建てられた「志賀先生之墓」と、志賀の生誕百年祭に教え子たちによってつくら

写真2

れた高さ4メートル近い「志賀先生之碑」も建つ。ふたつは日本国内で言う筆子塚と言えるものになる。筆子塚とは寺子屋の師匠などを偲んで、教え子たちが建てた記念碑や墓を言う。加えて、100平方メートル超の墓地の一角には生前の志賀の身の回りの世話をした女中の島村ソデの墓もあり、大甲の町を見守るかのように建っている（写真2）。墓地を下から見上げると、墓地の背に高さ4メートル幅20メートルほどのコンクリート壁があり、その上に個室の形態をした6基の墓が並んでいる。山の中腹に建てられた志賀の墓が、大雨による土砂崩れで土に埋もれたことがあった。その後、教え子らが志賀の墓を守るために墓の背後に防砂用コンクリート壁を造成し、その上に自分たちの墓を設けた。弟子たちがスクラムを組み恩師の墓を守っているかのようである。日台の師弟の絆の強さをここほどに知らせてくれる所はないのではないか。

　昭和初期に大甲公学校が発行した『郷土の概観』に、志賀について「大甲のペスタロッチ」と書かれていたことを、近年出版した『発現道卡斯大甲村庄史一』が再度取り上げた。「○○のペスタロッチ」と言われることは、教師にとって最高の栄誉であろう。今も志賀は大甲に生き続けているのである。当地へ案内をして下さったのは台中在住の喜早天海氏ご夫妻。感謝申し上げたい。

（2008年11月6日訪問・台中県外埔郷・鉄砧山南側山腹）

2　故吉原末太郎先生之碑　台北県瑞芳鎮九份国民小学

　九份は映画「悲情城市」の撮影地として有名になった土地である。最寄りの瑞芳駅までは台北から東部幹線自強号で40分程。瑞芳駅からバスを利用、または基隆からバスでもよい。当地は、家が9戸しかなかった集落であったが、金鉱発見後人口が増え1910（明治43）年に瑞芳公学校分教場が設立され、1919（大正8）年に九份公学校として独立した。

「故吉原末太郎先生之碑」（以下、記念碑）を見学するために九份国民小学（旧九份公学校）を訪問。副校長が応対してくださる。数年前に発刊した『日治時代的九份公学校』（以下、校史）をいただく。「記念碑」（写真3）は学校の裏山にあり、九份の町が見下ろせる絶好の地にある。盛り土の上に1メートルほどの土台、さらに3段もの石壇の上に高さ約1メートルの石碑が乗る。地面からの高さは4メートルを超える。記念碑の正面には三行で、「職員　故吉原末太郎先生之碑　同窓生」、正面右側に「昭和三年三月二十六日」、正面左側に「九份公学校同窓会敬立」、裏面に「昭和十四年二月十一日再建」と刻まれている。

「記念碑」について『台湾小学世紀風華』に「吉原末太郎先生衣冠塚」と書かれていることについて副校長に聞く。本当の墓は郷里の鹿児島にあり、ここには吉原の衣服が納められたため「衣冠塚」と呼んでいる。今でも毎年、校長と副校長はお参りをしており、校長異動時の引き継ぎ事項のひとつになっていること等を教えていただく。

『校史』に載る吉原の履歴を紹介すると、吉原は1892（明治25）年の生まれで鹿児島県川辺の出身。鹿児島師範に学び、鹿児島県下での教員を経て渡台。そして、公学校教員の資格をとり台湾教育に専念した。1913（大正2）年に瑞芳公学校九份分校時代に着任。以後、訓導を経て九份公学校初代校長となり、離任するまでの13年間九份教育の基礎を作った。1927（昭和2）年2月に暖暖公学校長として異動後、台風が接近した折、校内の巡視中に怪我を負う。その後、台北医院にて尿毒症のため1928（昭和3）年3月26日死去する。その日付が「記念碑」に刻まれた。九份公学校初代校長として当地の教育に尽くしたので、部下の職員や同窓生によって「記念碑」が建立された。従って、この碑も筆子塚と言える。

植民地の教師に対して、植民地加俸が目的で渡台した等の批判をしばしば聞

写真3

く。そうした教師がいたことは事実であろう。台湾の植民地教師について『台湾総督府』の著者・黄昭堂は「戦後、台湾人が親日的傾向に転じたのは、かつて自分たちが教えを受けた国民学校をはじめとする各級学校の教師への敬愛の念がそうさせたのであり、それを「日本の統治がよかったからだ」と曲解する日本人が多いのは、きわめて残念」と述べた。事実、戦後になって教え子たちが恩師を台湾へ招待した話、日本へ恩師を訪問した話には枚挙にいとまがない。日本語を強いた教育については、あの時代日本語を習得しなければ僕らは生きていけなかったと置かれた時代状況を理解し、個人としての教師を恨む話を筆者の聞き取り調査で聞くことは殆どない。しかし、それは植民地統治を肯定しているのではない。教え子が教師へ敬愛の念抱くということは、統治側と被統治側という関係を越えたところにある、人と人との結びつきから生じるのであろう。身を粉にして自分たちに尽くしてくれたことを、教え子たちは忘れないのである。

　『校史』に「記念碑」を前にして、先生らしき方が子どもたちに説明している写真が載る。吉原の人となりを今なお語り継いでいるのであろう。先の志賀と同様に、吉原も九份に生き続けている。当地へ案内をしてくださったのは元淡江大学教授の游顯徳氏。『校史』の翻訳は東北大学博士課程在学中の申育誠氏のお世話になった。感謝申し上げたい。

　（2009年1月10日訪問・台北県瑞芳鎮永慶里崙頂路145号）

3　二宮金次郎像　台北県瑞芳鎮金瓜石勧済堂

　金瓜石は九份と並び金鉱で栄えた町であった。瑞芳駅までは先の九份と同じで、そこからバスを利用。勧済堂の前はバス発着場の広場で、土産物店や飲食店がある。案内をしてくださった游氏は、当地の瓜山国小（旧金瓜石国民学校・公学校）同窓会会長をされている。そのためか知己の方々が多く親しく挨拶を受けていた。

　日本国内で、二宮金次郎像が建つのは小学校の校庭、または二宮尊徳を祀る二宮神社や報徳神社であることが多い。台湾で幾つかの二宮金次郎像を確認しているが、今回、台北県瑞芳鎮金瓜石勧済堂に置かれている二宮金次郎像（写真4）を紹介する。二宮金次郎は、戦前の国内で使用された全5期の国定修身教科書中民間人として一番多く現れていた人

物であった。統治下台湾で、児童の使用した全3期間の修身教科書で民間人として最も多く現れていた人物も二宮金次郎であった。筆者の行っている聞き取り調査で、二宮金次郎の名は唱歌で習った歌と共にしばしば出てくる。

勧済堂は19世紀末の建立で関聖帝君を祀っている。堂内左側回廊を抜けて、石段を登ると二宮金次郎像と対面する。石像の高さは約90センチ、台座部分も入れて約1.5メートルの大きさ。台座に建立年月日の記録はなく、手に持つ本には「□新山　游金□」と人名らしき字句が彫られていた。

写真4

当初、二宮金次郎像は勧済堂に近い旧金瓜石国民学校から移転したのであろうと思っていた。しかし、堂に居合わせた金瓜石公学校16回卒業生という老人の方から、校門脇に置かれた金次郎像は戦後壊されたという話を聞く。今ある勧済堂の像について、勧済堂の勧は勧めということで、良いことを進んで行いなさいという意味だ。金次郎さんは苦学して立派な人になった。皆さんも金次郎さんのように立派な人になってください。と、いうことを廟にお参りに来る人にも知ってもらいたいと思って作ったという話を聞く。

金次郎像は、二宮尊徳の精神と勧済堂の理念（勧世向善）とが似ていることから、勧済堂によって作られた。1913（大正2）年から翌年にかけてのことであった。それにしても宗教施設である廟の敷地内に、二宮金次郎像を置くのは台湾的な寛容さというものか。もっとも、日本人巡査や軍人も祀られている廟があるので、金次郎像が置かれていても不思議はない。当地への案内は先の「故吉原末太郎先生之碑」を案内してくださった游顯德氏、重ねてお礼申し上げたい。尚、建立年については、一橋大学博士課程在学中の林琪禎氏に問い合わせていただいた。感謝申

し上げたい。
　(2009年1月10日訪問・台北県瑞芳鎮金瓜石)

○参考
桑野豊助『大甲の聖人　志賀哲太郎伝』1974年
許國雄監修『台湾と日本交流秘話』展転社　1996年
台中県大甲鎮公所『発現道卡斯　大甲村庄史一』2004年
島嶼柿子文化館編『台湾小学世紀風華』2004年
九份国民小学『日治時代的九份公学校』2003年
黄昭堂『台湾総督府』教育社　1981年
白柳弘幸「台湾『公学校修身書』に登場する人物－人物を通して何を学ばせようとしたのか－」『台湾学研究国際学術研討会　殖民與近代化』国立中央図書館台湾分館　民国98年

Ⅳ．書評

板垣竜太著
『朝鮮近代の歴史民族誌〜慶北尚州の植民地経験』

井上　薫＊

　本書は、慶尚北道・尚州（サンジュ）の「伝統」とも呼ばれ得る「近世」的社会動態が、日本の植民地支配により、あるものは根強いネットワークとして脈々と生き、またあるものは変容していく様態を、具体的にどのように影響を受けたのかを明らかにしようとしたものである。また、この研究のため、著者は尚州に２年ほど暮らしながら多くの地域史料の発掘や証言の蒐集に努め、それらを整理した。その成果を活かし、従来、植民地支配全体として語られていた諸問題について、都市的要素を持つ「市街地」（尚州では「邑内」）とそうではない農村での違い、ジェンダーによる違い、日本人植民者の移住濃度の差などを意識した論述を試みた。
　序論「近代朝鮮地域社会をみる視座」では、尚州地域の「近代」を語るため、「近世」の支配文化がどのように変容したのか、しなかったのかに着目する。近年、「近代化論争」への注目が高まり、植民地研究に「近代」性の検討を意識するようになってきたが、従来の植民地研究ではとても対象とすることのできなかったこの「近世」にあたる部分との比較で明らかにしようとしたのが大きな特徴で、この書のスケールの大きさともなっている。
　「近世」について、この書では、「植民地経験」でとりあげる第２章以下との関係で、農業の定着、定期市による商品流通、士族による社会ネットワークの形成、儀礼、知識の修得と書院、漢学知識の修得（ただし男性に偏在）が書堂のような私塾レベルにまで普及していたこと、などの「社会文化的特徴を示す概念」を抽出して「〈近世〉」と呼ぶ（17頁、以下「頁」を省略）。そして、「都市」化（尚州では、より半端な都市的集

＊釧路短期大学

落「市街地」化）は「農村」を伴うものとして、「新しい」エリートは「従来」のエリートと併存して、「新式」学校に魅力を感じる個人は同時に「旧い」ものを内面化しているものとして、また、一見「平和」的に見える場が「暴力と地続き」になっているというように、同時代に存在する「重層的に絡み合った構造」の解明を課題に設定した。

以下、章構成は次の通りである。第1章　近世尚州の社会動態、第2章　植民地化と尚州社会の近代、第3章　地域エリートと政治空間、第4章　地域社会のなかの新式学校、第5章　日記を通じてみた植民地体験、結論

このうち、紙幅の関係で、第1、2、4章を中心に紹介してみたい。

第1章「近世尚州の社会動態」では、以上の〈近世〉の諸要素が尚州でどのように定着、普及していたのかについて詳述している。官僚制による支配体制をとった朝鮮王朝時代に〈邑〉を単位とした中央集権化が進み、その支配階層は〈官〉・〈吏〉・〈士〉と大別できる。このうち〈官〉は、中央派遣の官僚で、命により比較的短期（平均約1年9ヶ月）で交代したので、地方行政で民衆支配の実質的な媒介者は〈吏〉と〈士〉であった。

〈吏〉とは「地方行政事務の実質的な担当者」であり、〈士〉とは「吏族等のなかから、性理学を受容しながら科挙等を通じて中央官界に進出しはじめ、再び地域社会に定着していった父系出自集団」であって、士族と吏族の両者間には「権力関係だけでなく、婚姻関係などにおいても一線を引いて」おり、互いに「地理的にも棲み分けていた」という（56）。この吏族は郷役を中心とし、尚州では8門中に限られ、その中でも商山朴氏が強かった（84）。また、15世紀頃の尚州で土姓かつ士族である一族は商山金氏のみであったが、高麗末期から王朝転換期に、他姓の士族が尚州に入郷し始め、17世紀までにほぼ士族社会が形成された（59）。士族は、1）相互承認のための士族名簿である「郷案」、2）共同の執務所である「留郷所」、3）相互扶助のための「洞契」の組織化、4）書院や書堂という教育機関の設置により、16世紀頃には士族間のネットワーク形成を行っていた。このうち書院は、大院君治下の1870年頃、これを通した対民支配の激化などの弊害のため、祠宇とともに廃止された（院祠毀撤）。士族は、結節点としての重要な拠点を失うことになったが、

跡地を「壇所」として儀礼機能を残し、郷校や書堂を存続させるなど、ネットワーク自体を継続させた。しかし、士族支配は1880年代には既に動揺し、弱化していた。

第1章で詳述された尚州の〈近世〉の社会動態に対して、第2章以下では、植民地支配による具体的な変容形態が示される。第2章「植民地化と尚州社会の近代」では、「植民地化」による変容を「都市化」(邑内を中心とした政治空間の形成)と「絹」「酒」という生活に密着した「モノ」を通して明らかにした。その際に著者が「「近代化」の主体として日本人を描き出すことなどではなく、近代朝鮮の地域社会において日本人がどのような位置を占めていたかを明らかにすること」(109)に留意している。

まず支配体制であるが、日本人の移住と憲兵警察という暴力をもって植民地化がなされたこと、植民地官僚制が朝鮮王朝時代の中央集権的な地方支配体制を継承しながらも、たとえば、尚州邑内の財務署では、日本人官吏の配置により従来地方官吏を担っていた吏族が排除されたことなど、支配の必要に応じて改編されたことを示した。

尚州の治安組織の場合、義兵対策で配備された憲兵分遣所、警察署の度重なる編成替えにより、尚州警察署は併合前(1910年6月)に善山へ移ったため、1919年までの尚州の警察業務は憲兵分遣所が担当した。憲兵は警察業務に限らず、産繭共同販売など行政面でも広範に関与した。尚州は、憲兵警察制度により憲兵の治安統制下に置かれてスタートした。

朝鮮総督府は、旧洞里を統廃合し、地方行政機構として面(村に該当)を支配体制に組み入れた。また、マウル=集落 レベルへの支配は、制度的には1930年代前半の農村振興運動、また日中戦争以降の戦時動員体制により本格化したが、面事務所で働いた者は、「1928年以降の尚州面長(31年以降の尚州邑長)を除けば、ほぼすべて朝鮮人」だったこともあり(119)、「官僚制の侵透〔ママ〕」はあくまでも「制度的な「外堀」の次元の問題」で、この「過剰評価」を戒めている。

尚州への日本人の流入は1905年頃からで、最大で1930年代の千二百人規模が市街地である邑内に偏って集住した。「京城」、釜山などの都市部ほどの多さではなかったが、尚州のような地方でも、日本人の割合は

「邑内」で10％内外（最大は1924年の13.2％）、その他地域には数百人（0.4％程度）という都市・市街地部分への偏住傾向が見られた（123表）。この日本人の流入によって植民地行政官庁と商業的施設が組み合わされた「市街地」が形成され、「地方城郭行政村落＝「邑治」」の特色が破壊された。たとえば、総督府が士族の自治的な郷庁をはじめとした朝鮮時代の官衙を接収し、「植民地行政の官庁へと徐々に換骨奪胎」（134）したり、小高い山の名称を変え、そこに尚州神社を建てた（135）。

次に地域産業の代表として尚州の養蚕業の変化を検討している。農村部の変容の一つの姿でもある。1907年時点では、尚州で、また近隣の咸昌でも約半分の世帯で養蚕をおこなっており、尚州の在来蚕種は「尚州種」であった。「日本移出向けの繭増産」（149）の蚕業政策に基づき、「憲兵警察および郡庁・面長などの植民地行政網による強制移植」や「新たに結成された蚕業組合などの統制組織の影響」によって、「1914年までにすべて駆逐され、まず内地種である「又昔」に代替された」（148）。さらに1920年代後半には、「朝鮮内に誘致した製糸工場向けの繭増産」へと蚕業政策を転換し、尚州でも「大規模な基盤整備」を進めた。繊維資本（購入者）にとって有利な特売制へ変更した結果、「繭の販売価格が行政と一握りの大資本に掌握されてしまう」ことになった（149）。しかし、このような支配制度の下でも、繭の生産から絹布の生産まで地元でおこなっていた咸昌蚕業組合のようなケースもあり、尚州の繭もすべてが大資本だけに提供されたわけでもなかった。

一方、酒は「「礼」を構成する重要な要素」であり、「郷飲酒礼」のような「大々的な儀礼」、そして日常的な「客人の接待のために酒を出す習慣」などに用いられたほか、「農事の前後に飲酒する食品としての機能」ももっていた（154）。酒造については、朝鮮王朝時代、都市部でも農村部でもほとんどの家で自家酒造がなされており、多くの地域では薬酒・濁酒中心であった。これらは長期保存が利かなかったことから遠隔流通は限られ、造り酒屋があっても小規模なものであった。

日本の支配がもたらした酒税法（1909年）の下では製造者に酒税が課されたが、「自己申告」して「一定の酒税さえ払えば自家用酒造を無制限に認許」された（155）。ところが、酒税令（1916年）の下で、総督府は製造者に質の改善など条件を課して「酒造業の統廃合」を進め

(155)、工業化を指向するが、並行して自家酒造を大幅に制限し、さらに酒税令改正（1934年）によって「自家用酒造制度」を全く認めないこととした（156）。これらの結果、〈近世〉的酒造文化は制度が変えられて「密造」とされ、用いる酒に金銭がかかることになり、特に農村部への影響は大きかった。

なお、尚州酒造株式会社設立（1928年）以後の経営者には朝鮮人も含まれたが（157）、酒造関連者の履歴は「邑会議員・面協議会員、金融組合幹事、学校費評議員、郡庁職員、商工会役員など」「他の公職とも関係の深い」状態で、地域エリートでもあった（163）。

第3章「地域エリートと政治空間」では、〈近代〉の地域エリートである「有志」や「青年」という担い手に着目しながら、彼らが「〈近世〉の地域エリートの代表的存在」であった士族や吏族とどのような関連があったのか、また、彼らが属した組織・集団がひしめき合う場である「政治空間」の変容の解明を試みた。

著者はこの「地域エリート」を「絶え間なく動く」「地域社会における公的な事業や運動などにおいて、指導的な役割を担った人々のこと」と定義し、体制内外を問わず、「固定的な属性」ではなく、「実際におこなったこと」によって判断した（178）。このため、独立運動、民族運動、青年会運動、社会／共産主義運動、そして新式教育施設の設立運動（教育事業）などのリーダーたちの出自を確認し、儒林のような「比較的体制に近い動き」との対立や、私設学術講習会事業で地域へ教育事業を展開してきた団体へ行った総督府の圧力への対応などを通して、〈近世〉では見られなかった「邑内における吏族と士族の連合」という身分を越えた新たな協力関係の出現に注目した（197-198）。「空間的な観点」から、「邑内が「市街地」に変化していくなかで、邑内に拠点を置いていた吏族が、より頻繁に〈近代〉と接する機会があった」（196）ことを変化の大きな要因と考えている。

第4章「地域社会のなかの新式学校」では、「新式学校」が「地域社会の歴史的脈絡においてどのような位置にあり、どのような社会変化をもたらしたのか」（258）という課題を、朝鮮において〈近世〉以来脈々

と続いて来た「書堂をはじめとした漢文知識を再生産する場」に着目して解こうと試みている。書堂や私設学術講習会、旧公立普通学校に所蔵する文書やインタビューを駆使して、「教育行政のための刊行資料や当時のメディアの論説の検討よりも踏み込んだかたちで具体的に分析」(258)したところに、従来の教育史では及ばなかった新たな成果が示されている。

公立普通学校体制において、渡部学はその「最周辺部」を「書堂」としたが、著者は新たに「「最周辺部」は家庭」だと主張する。その根拠に、崔在錫や金富子の成果「男女とも約五人に一人が家庭で識字学習をしている」こと、不就学がむしろ常態であったことを指摘し(262)、さらに聞き取りや学籍簿の発掘により、家庭と書堂が重要な「マウルにおける識字学習の場」であったことを示した。「公立普通学校体制下においてもマウルの教育機能がかなりの割合で存続していた」(262)ということは、植民地教育政策のもとでも〈近世〉的教育機能が健在であったことを意味する。

また、設問調査や書堂所蔵文書により、書堂を通した新たな士族ネットワークの残存を明らかにした。例えば、化東面・鳳巌書堂（6門中で構成）では、化東公立普通学校の開学（1929年）を境に「漢文教育は衰退した」が、「書堂を中心とした士族ネットワークは残り、基本財産としての土地、そして堂員による財政運営は存続」していたこと。帳簿から「新式学校に通う（中略）堂員の子どもに、毎年与えた奨学金」が存在したこと（以上265）。この奨学金受給者のうち、「尚州以外に出て行っている人が、23～38％の割合で存在」しており、釜山、ソウル、神戸、東京なども含んでいたこと。また、「堂員の娘」にも奨学金が出ていたことなどである（266）。その他、書堂で用いた道具類、経営の多様性、対象学童の多様性、学費、漢文の学びの「一定のパターン」などについての存在形態が明らかにされ、中でも、書堂規則（1918年）で不適当とされた『童蒙先習』（朝鮮略史を含む）が「写本などを通じて広まって」おり（273）、これをほとんどのケースで学んでいたという事実の発見はたいへん興味深かった。

尚州における新式学校の設立運動については、日本の併合前後に主導した儒林（〈近世〉の漢文エリート）が1920年の中学校設立運動でも中

心であり、同様に、私設学術講習会の設立でも、出資者は〈近世〉地域エリート系であったが、いずれも新たに吏族から何名もこの運動に加わり、身分差を越えた士族・吏族の連携が見られた。しかし、彼らの思いは歪められ、前者は総督府の指向する公立農蚕学校（1921年）に変えられ、後者の場合も、周辺に公立学校が存在しなかった大建学院を例外として、「いずれの講習会も1920年代を中心に設立され、何年か持続した後に閉鎖された」(295)。

一方、公立普通学校の設立は1920年代より活発になり、設立にあたって多額（平均41.7%）の「学校建築費指定寄付金」が臨時収入に組み込まれた。この設立過程で、①士族ネットワークの寄与、②士族有力者と地域の資産家が結合して「有志」を形成し、事業に関与、③「有志」が建てた講習所を「公普が吸収統合」(299)するなどの方法で、総督府は民間の財力を大いに利用していた。

中牟公立普通学校所蔵史料から、学校設立以降、「学校を中心とした社会統合のシステムが次第につくられていった」契機や要因に、「卒業生指導、父兄会・母姉会等の組織化、地方有志の参席する学校行事、学校による指導部落、夜学や講演会など」の影響を見てとれる (304)。また、1930年代以降、祭日の導入、国旗掲揚式（月一回）、勅語奉読式（毎週日曜）、勅書奉読式（12月）等々の「学校行事の中に天皇制イデオロギー装置が埋め込まれていった」ことがよくわかる (307)。また、1929年に制度化された職業科は、正規時間の他にも課外時間の実習があったが、中牟公普では「1934年6月7日の放課後、六年生の児童を中心に「職業科時間外の仕事はなさぬ様にしよう」という運動が起き」、「四、五年生にまで波及した」という (308)。それだけ、子どもたちにとって負担となっていたのであろう。このように強いられたもの／ことが植民地支配の中で数多くあったに違いないと想像された。

以上から、植民地経験を経ても、〈近世〉が一掃されてしまうのではなく、植民地支配の中でも〈近世〉的要素が根強く併存している重層性を、主に、士族・吏族エリートの対応から描き出した点は、その努力が実っていると思われる。また、発掘した史料や証言から、得られた新たな知見も今後の研究に役立つであろう。

ところで、著者が、結語の冒頭で、新しいものが入り込んできた時に「受容」・「反発」など「反応」する図式は「他律的社会観につながる」ことから、この「「新しさ」の「作用」を相対化」することを意識したと記されている（386）。重要な指摘だと感じながらも、例えば、第5章でとりあげた中堅人物にもなった農民S氏の日常行動については、「S氏は暦、医療、「迷信」などに対する態度において、かならずしも「新しいもの」を受け入れ「旧いもの」を排除する態度をとっていたわけではなかった。また、起床時間でみたように、「時間的規律」という点でも、農村のリズムに即して生活していたこともみた。そういう意味で、S氏においては、「都会」や新式の文物と積極的に接しつつも、それを全面的に受容するわけでもなく、農村のリズムを身体化し、「旧い」ものを好ましく思う面も同時にもっていたのである。」(362)というように、この図式にとらわれているようにも思う。著者は「相対化」と表現しているので、この図式を否定しているわけではないが、「受容」「反発」以前に判断の基となる社会文化的要素が根強く存在していることはその通りであろう。これをもとに当面受け流すことがあっても不自然ではない。「受容」「反発」の二者択一ではなく、〈近代〉的要素と出会う場合、それを、あるいは積極的に（受容）、あるいは強いられ、あるいは支配者の意図とは異なった意味付けで取り込んだり（同床異夢）、あるいは受け流したり、あるいは拒絶する（反発、抵抗）という対応があると考えてみるのはどうだろうか。

　植民地支配は否応無しに、それまでなかったシステムを強引に導入し、またしようとするものである。政策史研究の立場である評者からすると、養蚕業や酒造の〈近世〉を大きく揺るがしていったように、もっと生活の細かな「当たり前」と感じていた他の多くの社会文化部分へも強引に介入していこうとして混乱をもたらしたのではないかと想像する。これらの解明は政策史を志すものの課題としておきたい。

（明石書店、414頁、2008）

大竹聖美著

『植民地朝鮮と児童文化』

佐藤由美*

　淡いベージュと茶のグラデーションの表紙カバーには、長い髪を一本の三つ編みに束ね、韓服を着た朝鮮の少女が描かれている。この少女たちは花摘みをしていたのだろうか。ひとりの少女が飛んできた蛇に驚いてスミレの花を落としてしまう。駆け寄るもう一人の少女の足元にはタンポポが咲いている。何とも愛らしく、思わず手に取りたくなる書物である。

　著者の大竹聖美氏は、1998年から2004年までの6年間を韓国で過している。延世大学校大学院教育学科博士課程で学び、2002年に同校から博士の学位を授与された。本書は、この博士論文（韓国語）の内容を日本語で再整理して世に送り出されたものである。6年間という長い歳月を韓国の社会、文化、人々のなかで過ごし、韓国語で研究活動を行ってきた著者に憧憬や畏敬の念を感じる。多くの師や友に恵まれたことが本書には記されているが、研究上の議論ができるほどの韓国語の修得や、韓国内に埋もれていた史料の発掘など、大竹氏の努力や根気は並大抵のことではなかっただろう。本書にはその全てが凝縮されている。

　サブタイトルに「近代日韓児童文化・文学関係史研究」と付された本書の内容構成は次のとおりである。

0●序論
　1研究の必要性／2先行研究および研究目的／3研究方法／4研究の範囲と構成
1●明治期少年雑誌と朝鮮
　日清・日露戦争期：海外への眼差しと立身出世　1880～1910年
　1明治期少年雑誌と朝鮮／2日清戦争以前（1890年前後）／3日清戦争期（1894～95年）／4日露戦争期（1904年前後）／5日韓併合期（1910年）／6戦争期

＊埼玉工業大学人間社会学部准教授

と政治的変革期に掲載された朝鮮関連記事
2●鉄道唱歌と朝鮮
　伊藤博文・朝鮮統監府期：海外拡張への地理歴史観　1906～1909年
　　1鉄道唱歌と朝鮮／2大和田建樹『満韓鉄道唱歌』(1906年)／3崔南善『京釜鉄道唱歌』(1908年)／4大和田建樹『満韓鉄道唱歌』の終着点／5いしはらばんがく『地理歴史　朝鮮唱歌』(1911年)／6鉄道唱歌の意味
3●巌谷小波と朝鮮
　国民国家の形成と児童文化　1895年～
　　1巌谷小波と朝鮮／2巌谷小波と朝鮮童話／3巌谷小波の朝鮮・満州口演旅行／4巌谷小波の朝鮮観
4●崔南善と方定煥
　朝鮮独自の児童文化・文学のはじまり　1906～1920年代
　　1朝鮮独自の児童文化・文学のはじまり／2六堂・崔南善(1890～1957年)／3小波・方定煥(1899～1931年)
5●朝鮮・満州巡回口演童話会と児童文学者の朝鮮訪問
　文化統治政策期：人道主義と国際協調の時代①　1920年代
　　1雑誌『金の星』主催、朝鮮・満州巡回口演旅行(1922年5月～7月)／2その他の児童文学関係者の朝鮮訪問
6●「朝鮮童話集」の時代
　文化統治政策期：人道主義と国際協調の時代②　1920年代
　　1 1920年代の「朝鮮童話集」／2朝鮮総督府、朝鮮民俗資料第二編『朝鮮童話集』／3「模範家庭文庫」のなかの『朝鮮童話集』／4『世界童話大系』(全23冊)(1924～28年)のなかの「日本童話集」<朝鮮の部>／5「日本児童文庫」のなかの「日本昔話集・下」<朝鮮篇>／6渋沢青花『朝鮮民話集』／7 1920年代「朝鮮昔話集」の特徴
7●朝鮮総督府朝鮮教育会『普通学校　児童文庫』
　文庫の時代　1928～1930年
　　1朝鮮総督府朝鮮教育会『普通学校　児童文庫』／2『普通学校　児童文庫』発行過程／3『普通学校　児童文庫』の内容
8●プロレタリア児童文化と朝鮮
　階級闘争と国際連帯　1930年代
　　1プロレタリア児童文化と朝鮮／2『少年戦旗』と朝鮮／3慎本楠郎『赤い旗』とハングル／4無産階級の国際連帯と児童文化運動
9●朝鮮の「おさなごころ」、金素雲の朝鮮児童文化運動
　郷土と民族　1930年代
　　1金素雲の朝鮮児童文化運動／2『朝鮮童謡選』／3北原白秋との関係／4金素雲の願い／5児童文化に活路を見出した金素雲／6「朝鮮児童教育会」設立／7金素雲の児童雑誌／8金素雲の児童書――歴史物語・童話集
10●皇国臣民化児童文化
　戦時統制期　1937～1945年
　　1皇国臣民化児童文化／2植民地朝鮮における「紙芝居」／3資料・「時局認識紙芝居」――『生業報国』／4植民地朝鮮における「紙芝居」の役割／5その他の「皇国臣民化
　児童文化」
付録●近代日韓児童文化・文学関係史年表　1868～1945年

　上掲のとおり、本書は1880年～1945年を対象時期として、朝鮮の児童文化・文学と日本の接点を時系列で追っている。ただし、その取り上

げ方は一様ではない。それぞれの時代ごとの日韓児童文化・文学関係のトピックを取り上げ、紡いでいく手法をとっている。

順にみていくと、1章では『穎才新誌』、『少年園』、『小国民』、『少年世界』といった明治期日本の代表的な少年雑誌に、朝鮮がどのように取り上げられたのかを紹介し、日清戦争、日露戦争、韓国併合と日本の権力の拡大に伴い、朝鮮を見下すような叙述が増え、日本の少年たちのアジア観や朝鮮観にそれらが影響を及ぼしたことを明らかにしている。

2章では韓国の近代文学の創始者、崔南善の『京釜鉄道歌』と大和田建樹の『満韓鉄道唱歌』の歌詞を比較しながら、大和田の鉄道唱歌が「豊臣秀吉や小西行長、加藤清正を歴史的な英雄として描き、日清戦争、日露戦争の勝利をたたえ、意気揚々とし」た歌詞であるのに対して、崔南善の鉄道歌は「龍山、仁川、大邱、釜山に何万人もの日本人が住む様子に驚き、温陽温泉に関しては、百済のときからの湯井を温泉好きの日本人に占領されてしまったと、悔しい憤り」を示す歌詞になっていることを述べている。日本に2度の留学経験をもつ崔南善は、帰国時、朝鮮に印刷機を持ち帰り、雑誌『少年』を発刊した人物でもある。近代文明を朝鮮に導入することに積極的であった崔南善の、鉄道という近代の所産に感嘆しながらも、誇らしげな鉄道歌が書けないジレンマを著者は指摘する。

3章は日本の近代児童文化・文学の創始者、巌谷小波と朝鮮の関係である。巌谷が手掛けた『少年世界』掲載の「朝鮮のお伽噺」、『世界お伽噺』収録の朝鮮の昔話2話、『世界お伽文庫』「朝鮮編」の作品を紹介するとともに、巌谷が朝鮮で行った口演の所感を取り上げている。4章は巌谷小波から少なからず影響を受けたと思われる朝鮮の児童文化・文学の創設者、崔南善と方定煥についてである。巌谷と、同じ小波の雅号をもつ方定煥を比較しながら、前者が「江戸時代から続く藩医の家柄で明治新政府の高級官僚の子息」という恵まれた環境にあり、「国民国家を語るエリート」であったのに対し、後者が「被支配者階級や被差別階級の信徒が多く、特に農民の間で急速に拡散し」た東学を母体とする天道教の教徒であり、「農民運動・独立運動の思想を持つ、民族・民衆の側の人間」であったと出身階層の違いについて述べ、同じ児童文化・文学を志した者でも出自の差が作品に反映していることを明らかにしている。ま

た、1945年以降、帝国主義が否定されると、巌谷が過去の文学史上の人物になってしまったのに対し、方定煥の作品は現在でも読み継がれているという指摘も興味深い。

　5章と6章は、いずれも1920年代を対象にしている。著者が5章で取り上げたのは、雑誌『金の星』の「童話講演部」が行った朝鮮・満州巡回口演旅行である。口演旅行に出かけたのは沖野岩三郎で、1922年5月10日から7月17日にかけて76回の口演を行い、35,200人の聴衆を集めたという。この口演旅行の模様は「朝鮮めぐり」と題して、『金の星』7月号から9月号に連載された。また、沖野は9月号に創作童話「朝鮮から」を発表し、その後も10月号から翌年2月号まで朝鮮に関連する童話を6作連続で掲載した。本書にはそれぞれの内容や挿絵が紹介されている。著者は沖野について「朝鮮や満洲への敬意と愛情を表した「東洋愛」を唱える日本人というのは、当時においては非常にまれで、先覚的な存在であった」と分析している。6章は舞台を日本の児童文化・文学界に移し、日本人が収集・編纂した朝鮮の昔話集、童話集を取り上げ、朝鮮がどのように紹介されたのかを明らかにした。著者によれば、1920年代の日本の童話集の編纂は、基本的には帝国主義を背景とした「国民童話」の枠組みに支配されており、「朝鮮童話集」もそのなかで紹介されていた。しかし、編纂者の言葉を詳細にみていくと、「全体の傾向とは異なる個人のまなざしも見えてくる」、それは「独特の朝鮮文化を愛し、政治的な関係とは別に、異なる文化に積極的に接し理解しようという友愛の精神に基づかれた温かなまなざしである」という。

　7章が対象にするのは、朝鮮総督府内務部学務局管轄の朝鮮教育会（教員組織）が発行した『普通学校 児童文庫』全35巻である。普通学校とは「国語ヲ常用セサル者」(朝鮮教育令第3条)、即ち朝鮮人児童が通う初等教育機関である。この普通学校に通う朝鮮の子どもたちを対象に、朝鮮の教育に携わる日本人教育者の手によって編纂されたのが児童文庫ということだ。1928年5月から30年11月にかけて、春秋2回、3年間にわたって発行されたので、各学年6冊（1年生のみ5冊）ということになる。この文庫は廉価で販売され、朝鮮教育会のネットワークを使って、朝鮮半島の隅々の普通学校児童に配本されたという。著者はこの文庫の内容を、日本語作品と朝鮮語作品の比率、日本語作品の出典（作家

別、雑誌別)、植民地教育の性格、近代生活、朝鮮の郷土文庫、朝鮮の昔話といった諸点から分析しており、大変興味深い一章になっている。

　8章・9章はいずれも1930年代の朝鮮が舞台である。8章ではプロレタリア運動の一環として発刊された『少年戦旗』が取り上げられた。『少年戦旗』は、1929年5月に創刊された成人向けプロレタリア誌『戦旗』の付録である。この雑誌の特徴は、「植民地朝鮮の人々の主体性に価値を置き、積極的に紹介」した点にあり、それは同時期の他の雑誌には見られない稀有なことであった。本書には、これまで殆ど紹介されることのなかった「オリニナルの話」(1929年7月号)や西田伊作の「裂かれた上着」(1930年7月号)の全文が掲載されたほか、日本の子どもと朝鮮の子どもが投稿を通じて互いに励まし合う記事も紹介されている。著者はこうしたプロレタリア児童文化・文学の特徴を、「同じ無産階級の子どもたちが各地で頑張っている」という労働者階級どうしの「民族や文化を超えた平等観や連帯感」に根差すものであると分析し、その独自性を強調する。

　9章は金素雲を朝鮮児童文化運動の推進者という側面から再度、見直した内容になっている。詩人であり文学者として著名な金素雲は、日本語に精通していたこともあり、日本と朝鮮を行き来しながら活動し、北原白秋をはじめとする日本の文学者とも深い交流があった。金素雲の業績のひとつに『朝鮮童謡選』(1933)がある。この書は日本語で出版されたこともあり、在朝鮮の日本人からは、朝鮮の文化を容易に知ることができる重宝な書物であると評価された。しかし、その序文を見れば、金素雲のねらいが、朝鮮の子どもたちに向けて「民族固有の精神」を大事にすることをメッセージとして送ることにあったことがわかると著者はいう。金素雲は、朝鮮の子どもたちが日本語で学校生活を送らなければならない姿をみて、何としても彼らが「歪んだ情緒生活」のなかで育つのをくい止めたいと願っていた。金素雲の朝鮮児童文化運動にはほかに、朝鮮児童教育会の設立、児童雑誌『児童世界』、『新児童』、『木馬』の発刊があり、本章にはそれぞれの内容が紹介されている。

　10章は戦時下の、所謂、「皇国臣民化」のための児童文化・文学が対象になっている。この時期、児童文化の伝達手段として朝鮮で多く用いられたのは紙芝居だった。自転車の荷台に取り付けるだけで、農村・漁

村の隅々にまで入っていける紙芝居は、児童用だけでなく、納税や簡易生命保険の宣伝など、おとなを対象として国策の啓蒙を担っていた。本書には時局認識宣伝用紙芝居とした『生業報告』(1937年12月)が収録されている。ほかに皇国臣民化のための児童図書として、金海相徳『半島名作童話集』(1943)や国民総力朝鮮連盟『小国民のための 兵隊さんものがたり』(1944)、緑旗連盟『全鮮学童綴方集 徴兵の兄さんへ』(1944)があった。この時期になると、「大東亜共栄圏の建設」、「内鮮一体」、「皇国軍人」の育成といった国策に児童文化・文学も収斂されていくことが明らかにされた。

さて、ここで本書の研究目的に立ち戻ることにしよう。序論には次の2点の研究目的が述べられている。第1に、「約50年間にわたる日韓の児童文化領域における相互関係を見渡すこと、そしてその全体像を大きくつかむことで、今後のこの領域の研究の一里塚となること」、第2に、「近代における日韓の児童文化・文学史の狭間にあって、両者の特質を鋭くあぶりだせるユニークな研究であること」である。この2点の研究目的は概ね達成されたのではないだろうか。少なくとも、これまで教育政策や学校教育を中心に勉強してきた評者にとっては、学校の周辺領域に子どもたちを取り巻くどんな文化・文学、教育機会があったのか、その時期的な特質を知ることができ、大変に興味深い著作であった。

そのうえで、今後の課題も含め著者に対する要望や気になった点を述べたい。第1に、著者は1895年から1945年の近代日韓児童文化・文学関係史をどう総括するのか、結論に当たる部分が本書にはない。第1章から第10章までの時期的な個別の検討を経て、著者はどのような結論に至ったのか。本書にはどの章にも当時の児童雑誌の挿絵が数多く掲載され、読者は読み進める意欲を掻き立てられるのだが、10章の終りで戦時下に置き去りにされた気分を味わうことになる。内容が多岐に亘っているため、著者は結論を述べることを遠慮したのかもしれないが、仮説的な結論でも構わないので著者の見解が聞きたかった。

第2に、児童文化・文学と学校教育や社会教育との関係をみることで、この研究はさらに深化するのではないだろうか。普通学校の就学率などを考え合わせてみると、朝鮮の児童文化・文学の果たした役割は大きい

はずである。それらは学校教育に対抗したのであろうか。それとも学校教育を補完したのであろうか。時期的な違いもあるだろう。社会教育との関係はどうなっていたのか。著者に限らず、植民地朝鮮における学校教育や社会教育と周辺文化の関係は今後の大きな研究課題となるであろう。

　第3に、歴史的な用語の用い方について、いくつか気になる点があった。例えば、目次から本文に散見される「朝鮮統監府」と「日韓併合」であるが、前者は「韓国統監府」ではないか。1897年から1910年8月までは大韓帝国が存在し、同月22日の「韓国併合ニ関スル条約」の締結まで、朝鮮半島全域は旧韓国である。統監府は1905年11月17日の「第2次日韓協約」の締結で設置が決まり、翌年2月1日に開庁した。後者についても、古い文献には「日韓併合」とあるが、条約名から「韓国併合」とする方が適切ではないだろうか。

　書評としては、本書に取り上げられた朝鮮の児童文化や文学に関する人物、作品、雑誌がそれぞれの時期を代表するものなのか、著者の見解は適切であるのかなど、その妥当性についてもコメントしなければならないのであるが、それは朝鮮の児童文化や文学の専門家による書評に譲ることでご容赦願いたい。

　最初に表紙カバーの話をした。本書が図書館の書架に並ぶ時にはこのカバーも外されてしまうのだろうと寂しく思っていると、本体の表に虻を怖がる少女、裏には歩み寄る少女が印刷されていた。今度はピンクのグラデーション。なかなか心にくい装丁である。

（社会評論社，411頁，2008）

V．研究活動報告

2006～2008年度3ヵ年の年科研プロジェクトを終えて

宮脇弘幸＊

はじめに

　2006年度から科研プロジェクトチームが取り組んできた3ヵ年の共同研究の課題「日本植民地・占領地の教科書に関する総合的比較研究―国定教科書との異同の観点を中心に―」は予定通り完了した。その研究成果は報告書編集委員会によって編集され、『科研報告書』と『別冊』（植民地・占領地・国定教科書目次目録）として2009年3月に発行された。
　筆者は、2009年7月11日に開催された第22回植民地教育史研究例会において科研報告書合評会で研究課題と報告書の概要を口頭で報告したが、プロジェクト立ち上げから完了までの経緯を含めて改めて記してみたい。

1．プロジェクト立ち上げの経緯

　2004年、植民地教育史研究会会員の中から、玉川大学教育博物館に収蔵されている1万冊を超える植民地教科書を研究資料として取り組んでみてはどうかという意見が研究部に出され、運営委員会で検討した結果、研究会総会に議案として提出することを決定した。
　2005年3月の熊本大会・総会において「旧日本植民地・占領地教科書・国内国定教科書の比較研究」（仮題）を提案し以下の「プロジェクト」概要が了承された。
　　(1) 台湾、朝鮮、「満洲国」、南洋群島、南方占領地、その他の教科書との科目別比較分析、及び国内の「国定教科書」との比

＊科研プロジェクト代表、宮城学院女子大学教授

較分析を行う。
(2) 玉川大学で「植民地教科書」に関する国際シンポジウムを開催する。
(3) 教科書比較研究を「科研」に申請する。

2005年8月16日研究会会員に「プロジェクト概要」の案内及び参加者募集の呼びかけを行い、25名の参加申し出があった（後に増減があり最終年度では29名となる）。さらに10月16日に「プロジェクト説明・話し合いの会」を設け、科目別にプロジェクト参加者の小グループ化、研究分担（科目・地域・発行期）、組織化（プロジェクト代表・研究分担者・研究協力者）を決定することとした。

2．研究概要

研究目的を、「旧日本植民地・占領地全域の初等教育用全教科書と同時代の日本国定教科書の内容を教科目別・地域別に対比し、両者間の異同性を分析し、さらに外地教科書はどのような植民地・占領地青少年を育成しようとしていたかを検証・考察する。」とした。

研究方法は、次の3段階によることとした。
(1) 玉川大学教育博物館収蔵の台湾・朝鮮教科書とプロジェクト参加者が現地調査等で収集した教科書と国定教科書のデータベースを作成する。
(2) プロジェクト参加者は、両教科書の内容を対比させ、異同性を分析し考察し、科目代表が科目グループの進捗状況を統括する。異同性の基準判断は教科ごとに行う。
(3) 分析結果から植民地・占領地教科書が植民地青少年の育成にどのような役割を果たしたかについて考察する。

研究成果は、参加者各々が報告書を指定された期限内に完成し提出することとした。

研究組織及び対象地域・発行期（カッコ内）は以下のとおり。下線は科目代表

代表：宮脇弘幸、研究分担者：白柳弘幸

修身科：佐野通夫、白柳弘幸、岡山陽子、中田敏夫
　対象地域：台湾 (1-3)、朝鮮 (1-7)、南洋群島 (1-4)
国語（日本語）科：桜井隆、前田均、合津美穂、陳虹彣、金英美、金美奈、北川知子、上田崇仁、清水知子、樫村あい子、宮脇弘幸
　対象地域：台湾 (1-5)、朝鮮 (1-5)、南洋群島 (1-4)、「満洲」(「満洲国」・関東州・満鉄付属地)、中国占領地、南方占領地(シンガポール・ビルマ・インドネシア・フィリピン)
地理・歴史科：佐藤広美、一盛真、白恩正、新保敦子
　対象地域：(地理) 台湾 (1-4)、朝鮮 (1-5)、(歴史) 台湾 (1-3)、朝鮮 (1-5)、蒙疆・中国占領地・満州
理数科：岩崎敬道、井上哲夫、長谷川純三、高橋聡
　対象地域：(理科) 台湾 (1-4)、朝鮮 (1-5)、(算術) 満州
芸術科：劉麟玉、佐藤由美(2008 年度は科目代表)
　対象地域：(唱歌) 台湾 (1-2)、朝鮮 (1-4)、満州 (1-2)、(図画) 台湾 (1-2)、朝鮮 (1-5)
実業科：井上薫、山田寛人、佐藤尚子
　対象地域：(農業) 台湾 (1-2)、朝鮮 (1-2)、(職業) 朝鮮 (1-2)、(家事) 全域
体育科：(体操教授要目) 西尾達雄
　対象地域：台湾、朝鮮 (1-4)

3．科研申請・採択

　2005 年 11 月に申請書を提出し、2006 年 4 月 18 日採択通知を受け取った。3 ヵ年の直接経費総額 1,050 万円（420 万円 +350 万円 +280 万円）。

4．主な研究活動

　参加者は、分担する植民地教科書と同時期の国定教科書のコピーを取り、その一覧表の作成作業（この成果は『別冊』としてまとめた）と異同性比較という基礎的作業を行った。
　外形的な研究活動については、2006 年度は資料調査、玉川大学教科書資料の複写・配布、植民地教育史研究例会における個人の中間発表会、全員の中間発表会(天理大学)を、2007 年度は資料調査、教科別中間発

表会、国際シンポジウム開催(玉川大学)を、2008年度は資料調査、教科別中間発表会、報告書まとめ・編集・発行であった。

5．研究成果

プロジェクト参加者が個々に所属する学会・研究会で発表したものもあるが、直接本研究にかかわる成果として以下の4点を発行した。
(1)『玉川大学教育博物館所蔵外地教科書目録』2007年3月　玉川大学教育博物館
(2)『玉川大学教育博物館所蔵外地教育史料目録』2007年12月　玉川大学教育博物館
(3)『日本植民地・占領地の教科書に関する総合的比較研究 - 国定教科書との異同の観点を中心に -』研究成果報告書2009年3月　東誠社
(4)『別冊　植民地・占領地・国定教科書目次目録』研究成果報告書2009年3月　東誠社

6．研究成果報告書

研究成果の報告は、プロジェクト参加者29人に報告書の提出を求めていたが、個別の事情により以下の25名による26編の報告書となった。

7．比較結果

教科書の比較分析では、担当者によって異同性率を算出したもの、いくつか特定の期・巻の特定の教材について異同性を論じたもの、教材観・指導観を考察したもの、植民地占領地教科書の特質に焦点を当てたものなど異なる報告がなされた。

比較結果は、各科目代表にその特徴の報告を求め、それを学術振興会への「研究成果報告書」に転載した。ここではそれを多少要約して記してみる。

（1）修身

国定「尋常小学校修身教科書」と台湾総督府発行「公学校修身教科書」に表れた課名の異同を比較し、異同にどのような意図が込められたのかについて明らかにした。その結果、台湾修身書は国定修身書から大きな影響を受けていた。台湾修身書制作は国定修身書の動向を受けつつ、同

科目	地域・期	担当者	報　告　書　題　目
修身	台湾	白柳弘幸	国定「尋常小学校修身教科書」と台湾「公学校修身教科書」比較－課名異同から見る台湾総督府の同化教育と皇民化教育－
	朝鮮	佐野通夫	「修身」教科書に見る「皇国臣民」と「日本国民」
	南洋群島	岡山陽子	南洋群島国語読本における修身徳目について－芦田恵之助編纂の国語読本を中心に－
国語・日本語	台湾1-2期	前田　均	台湾総督府第1・2期国語教科書の特徴
	台湾3期	合津美穂	第三期台湾読本に見る「内地化」と「台湾化」－第三期国定読本との比較を通じて－
	台湾4-5期	陳　虹彣	1937－1945年における台湾の初等国語教科書と国定本の比較研究
	朝鮮1-2期	金　英美	普通学校『国語読本』と国定教科書の比較研究－朝鮮Ⅰ・Ⅱ期を中心に－
	朝鮮2-3期	北川知子	植民地朝鮮の「国語科」－朝鮮読本（主に第2・第3期）と国定読本の教材比較から－
	朝鮮4-5期	上田崇仁	第4期及び第5期の国定読本と朝鮮読本の比較研究
	満洲	桜井　隆	「満州」の初等教育用日本語教科書
	南洋群島	宮脇弘幸	南洋群島国語読本と国定教科書間の異同性比較
	南方占領地 シンガポール	清水知子	戦時期南方占領地日本語教科書と国定国語教科書比較－シンガポールの場合
	南方占領地 シンガポール	樫村あい子	日本占領下シンガポールにおける日本語教育事情－国定教科書との比較に先立って－
	南方占領地 ビルマ・インドネシア	宮脇弘幸	戦時期南方占領地日本語教科書と国定国語・修身教科書間の異同性比較－ビルマ・インドネシアの場合－
歴史	台湾・朝鮮	一盛　真	植民地国史教科書と国定国史教科書の比較研究－朝鮮総督府教科書、台湾総督府教科書を対象として－
	朝鮮	佐藤広美	朝鮮総督府の国史教科書と国定国史教科書－1940年代を中心に－
地理	朝鮮	白　恩正	朝鮮地理教科書『初等地理書』と国定地理との比較研究
理科算術	台湾・朝鮮	岩崎敬道 井田哲夫 長谷川純三 高橋　聡	朝鮮・台湾における理科教科書と国定理科教科書との比較研究－教育内容を中心に－
図画	台湾・朝鮮	佐藤由美	日本統治下台湾・朝鮮の図画教科書－国定教科書との比較分析を通して－
農業	台湾・朝鮮	井上　薫	農業教科書における文部省、朝鮮、台湾教科書の異同－1930年代までに発行された教科書課名比較の試みから－
職業	朝鮮	山田寛人	朝鮮と「内地」の職業指導教科書の比較
唱歌	台湾・朝鮮・満洲	劉　麟玉（・孫芝君）	植民地台湾・朝鮮・満州の唱歌教科書についての初歩的研究－歌詞内容と調性の比較分析を中心に－
体育	台湾・朝鮮	西尾達雄	体操科指導書・教授書・要目の比較検討－1920年代日本、朝鮮、台湾について

化教育や皇民化教育を推進させるべく編纂されていた。台湾教科書と国定教科書に同じ人物が現れても、そのまま同じ内容が扱われていたのではない。

一方、朝鮮修身書と国定修身書を対比した結果、朝鮮修身書は、朝鮮にいる日本人・朝鮮人とも使用したものであったが、そこでは、日本国内と微妙な表現の違いによって、朝鮮人はあくまで「帝国臣民」であっても、「日本国民」ではないこと、その一方で「帝国臣民」として、日本人の下に位置すべきことが主張されているということが明らかになった。

南洋群島については、第2次『国語読本』の各課の題目を国定修身書の題目と比較して、国語読本の内容がどのような目的を持っていたかを明らかにした。南洋群島教科書では国語読本のみが発行されており、修身、歴史、地理、理科などは、すべてこの国語読本に組み込まれていた。南洋群島では、「国語」を通して、言葉だけではなく、統治国に従順な「良い子」を育てることに大きな目的があったことが明らかとなった。

（2）国語

植民地・占領地の国語・日本語教科書に国定国語教科書を対比させ、両教科書の課名、本文、挿絵の異同性を分析した。異同性の基準を次のように定めた。

同一：漢字・かな表記・分かち書きの相違を問わないで、耳で聞いて同じ音に聞こえるもの。

類似：文体変更、仮名遣い変更（歴史的仮名遣い・表音式仮名遣い）、言い回しの変更、部分的に短縮・伸長・追加はあるが内容が類似しているもの、また課名は異なるが内容が似通っているもの。

異なる：国定教科書教材とは全く異なるもの、あるいは課名は同じで内容が異なるもの。

対比分析してみると、地域、発行期、学年（巻）によってかなり異なった結果となった。例えば、台湾3期『国語読本』では、国定国語読本から台湾3期への転移と判断される教材は23％であるのに対し、「創作」が44％であった。同様に台湾4期では26％、5期では29％が国定からの転移であったことが判明した。

朝鮮国語読本の分析では、国定読本から朝鮮1期への同一内容の転

移は3％（類似は88％）であるのに対し、朝鮮2期へは43％（類似は18％）が見られた。朝鮮4期と国定読本の同一課名を持つ教材の内容の同一率は、巻二29％から巻六90％へと高くなっていること、さらに朝鮮5期（各学年2分冊）の内容同一率は、巻二62％であるが巻七～十二は100％となり、4学年（巻七）からは国定と完全に一致している。第5期は内地、台湾、朝鮮も国民学校期となり戦時体制下、内外地同一の教育制度・方針が導入された時期に重なる。

南洋群島『国語読本』は第4次まで発行されており、国定との異同性はそれぞれ異なるが、全次の平均として国定との「同一・類似」課名を有するものは26％（3次が最も高く38％）で高くはないが、その「同一・類似」課名の中では約60％、全次全教材の中では15％が「同一・類似」内容であることが判明した。

南方占領諸地域では、各種の日本語教科書が発行されていた。現地調査で収集されたそれらの教科書と国定読本との異同性分析の結果、シンガポール・軍政監部国語学校用『国語読本 巻一～三』では33％が国定から題材を採用していることが判明した。同様に、ビルマの『日本語読本』（巻2～巻5）はいずれもビルマ国独立（1943年8月）後の発行であるが、課名の44％が国定教科書と同一であること、内容の41％が国定と「同一・類似」であった。またインドネシア本は、課名71％、内容62％が国定と「同一・類似」であることが判明した。

このように、地域、発行期による違いはあるが、一般的傾向として、高学年になるほど、また戦時体制が強化されるにつれて国定との一致・類似率が高くなっている。また高学年になるほど、思想的内容を持つ教材の割合が増えている。これは植民地の内地化を示すものであるが、気候・風土など学校・学習者を取り巻く環境が内地とは異なるために完全な一致化には至らなかった。

（3）歴史・地理

・歴史

朝鮮の初期の歴史教科書には朝鮮半島の歴史を意識した内容が垣間見られたが、時代が下るにしたがってその点がはずされ、1940年代には朝鮮民衆、朝鮮半島は東亜の基盤であり要としての位置を意識した記述になっていった。一方、台湾の歴史教科書は、台湾民衆、台湾の位置づ

けは全く異にしており、変化の少ない「国史」そのままであった。両地域の民衆の抗日運動、軍事的位置の違いなどの分析も必要と思われる。

・地理

朝鮮地理教科書の編纂は1930年代から始まり、15年戦争の開始と密接していた。朝鮮2期(1932年)編纂の田中啓爾(東京文理科大学助教授)の地理観を検討した結果、朝鮮地理教科書は欧州における地理観(植民地観)の影響を受け、植民地支配のための産業発達や開発享受主義の主張などの観点が教科書の記述に表れていた。

(4) 理数科

理科教科書の内容は、国定教科書、植民地教科書ともに自然科学的記述が希薄であるが、植民地教科書には国定教科書に対する先進性が見られた。この植民地教科書の先進性については、自然を個別的、羅列的に扱うのではなく、総合的にとらえさせようとしたことに見出される。なぜなら、この総合的なとらえ方は、国民学校期の国定教科書の一つの特徴であり、それ以前の植民地教科書に、すでにそのような記述が見られることからである。

(5) 実業(農業・職業)

・農業

文部省、朝鮮総督府、台湾総督府のそれぞれが発行した農業教科書のうち、原本を確認できた教科書の各課の内容を簡易分類し、課数と百分率の状況を示し、類似性を判断する目安とした。

文部省『小学農業書』およびその基になった『小学校教師用農業教科書』(1904-05)の教授内容の大枠は朝鮮『普通学校農業書』(1914、朝鮮人用)との共通事項が多い。第2次朝鮮教育令により新たに編纂された朝鮮『初等農業書』(1923、24)の場合、在朝鮮日本人用の朝鮮『尋常小学農業書』をほぼそのまま踏襲し、これが朝鮮人と兼用で用いられた。1930年代後半に登場する『職業科教授書』も日・朝兼用であり、民族間をあえて分けていない。教育内容が増産奨励と直結し、これを優先させたためと解釈できる。

台湾での最初の農業教科書『公学校農業書』(1930)、改定版『公学校農業書』(1932)に甘蔗・パイナップル・バナナなど特徴的作物の産業政策・増産奨励が明確に示される記述があった。『公学校女子農業書』(1937)

には、それ以前に見られなかった皇室関係記事が登場した。支配者の求める農民像を日本語で示したという意味では、しっかりと植民地支配に役立つ要素を軸に編んだ教科書であったということができる。

・職業

「内地」小学校用の職業科教科書の発行については確認されなかったが、教師用の指導書が多種発行されていた。その中で全国的な範囲で発行された『改定　職業指導読本』(1935改訂版、初版1928)と朝鮮総督府『職業科教授書　巻一』(1936、在朝鮮日本人児童・朝鮮普通学校児童対象)の内容比較を行った。

特徴的なことは、職業は、内地本では「個人・家のため」を重視しているのに対し、朝鮮本では「国家・権力・社会のため」を重視していることである。この特徴は、内地本の「第一課　人は誰でも働く」・朝鮮本「第一章　人と職業」、内地本「第六課　職業を選ぶには」・朝鮮本「第四章　職業の選択」などに表れている。

(6) 芸術(唱歌・図画)

・唱歌では国定と台湾・朝鮮・「満洲国」を、図画では国定と台湾・朝鮮を分析対象とした。唱歌集の教材は日本の唱歌を転載するか、それを参考に現地の事物・風土を題材に新たな歌を作る二つのパターンが一般的であった。文部省唱歌集に最も忠実だったのが台湾で、歌詞もすべての歌が日本語で作られた。朝鮮でも漸進的に日本語の唱歌が採用されていたが、「満洲国」では中国語の歌が半数以上あり、台湾、朝鮮とは状況を異にする。調性などすべての面から最も自由度が高かったのが「満洲国」、強制的な対応を迫られたのが台湾、台湾の統治状況によって漸次修正されたのが朝鮮であったと考えられる。

・図画では、国定・台湾間に、同一の絵図や構図の同じ絵図、課名が同じ単元が複数あり、国定の影響を強く受けていた。国定・朝鮮間は、同一課名の単元はあるものの、低学年用の課名にカタカナと分かち書きを用い、構図が同じ絵図でも一部に手を加えるなど、朝鮮総督府の主体性が感じられる。図画教科書編纂以前から、国定教科書を利用して図画教育を行っていた台湾と、独自の図画教科書編纂経験のある朝鮮の違いではないかと推察される。

(7) 体育

体育(体操)の教科書は発行されていないが、教授要目・体操教授書は内外地ともに発行されていた。対比したのは、1927年朝鮮の改正学校体操教授要目(「体操要目」と略)に準じた体操教授書(「教授書」と略)と、1924年版教授書との異同、1926年日本の体操要目との異同、1927年台湾の体操要目とし、それらの異同性を明らかにしながら、その意味を検討した。

1927年台湾の体操要目は、内容・教材順序とも日本とほぼ同様であった。24年朝鮮の教授書は、桜井恒治郎の体操理論に依拠したものであったが、27年のものは、これを完全に改訂し、26年日本の体操要目に準じた内容になった。この意味では、日、台、朝の体操教授は形式的には同様になったといえる。

しかし、朝鮮での体操教授は「体操の半島化」、「郷土化」が推進され、産業振興政策の中で労働作業のための体操として展開した。

1926年日本、1927年台湾・朝鮮の体操要目は、体操教授の「基準」として位置づけられた。これは、26年、27年の要目及び教授書の検討が、学校における体育政策の基本的理念をより鮮明に示したものと見ることができる。日本では、体操と教練との連携を重視する軍事的体育へと変化する転換点であったが、朝鮮においても、台湾においても、同様の流れの中で統一的な教授を統制的に再編成していこうとした政策的姿勢を示しているといえる。20年代の体操教授の比較検討から、台湾人及び朝鮮人を植民地における人的資源として有用に活用できる体育的基礎を準備しようとしたものであったといえる。

終わりに　研究成果と課題

共同研究による科研プロジェクトは、全植民地・占領地の初等教育用全科目教科書と国定教科書を対象にして、その異同性を分析し、考察した初めての試みであった。研究結果には、「異同性」基準設定の問題、未着手の地域・教科書対比の問題があったが、プロジェクトが一定の成果をもって完了したことは植民地教育史研究に多少なりとも貢献できたのではなかろうか。

今回の教科書比較研究によってどのようなことが判明したのか、以下に記してみる。

植民地・占領地では、最初に「国語／日本語読本」が編纂された。他の教科の教科書が編纂されるのは、台湾では統治約20年後(1914)に修身・算術書が、続いて地理・図画・歴史が編纂された。一方、朝鮮では統治開始と同時に国語・修身書が編纂(1911)され、続いて理科（1913）・地理（1914）・算術（1918）・歴史（1922）の順に編纂された。南洋群島では軍政統治3年後に『国語読本』を発行するが、これは、修身などが含まれる総合教科書であった。南方占領地では、一部に唱歌集も編纂されたが、国語（日本語）読本が中心であった。このことから日本植民地統治では国語教育・徳育教育を重要視していた。

異同性分析では、地域、教科、発行期、巻（学年）、「異同」の基準設定によって異なるが、台湾・修身では国定との「同一性」は44～66％、特に3期（太平洋戦争期）の修身書は65％であった。台湾・国語（3～5期）では25～39％、朝鮮・国語（2～5期）では（課名同一のうち）15～100％、南洋群島・国語(2～4次)では5～27％、シンガポール・国語では23～100％、ビルマ・日本語では41％、インドネシア・日本語では51％であった。

教材記述の分析では、植民地・占領地教科書は、部分的に平易化・創作の工夫が見られるが、概して当時の日本の臣民教育を強く反映していたこと、特に戦時下になると国民学校用教材との同一性が見られた（国語・修身）。また、統治初期では現地の事物・事象に関する記述が見られたが、日中戦争期になると日本中心の原理によるとする（歴史・地理・農業・職業・唱歌・体育）、また、国定教材には見られなかった「科学的」記述が見られるとする（台湾・朝鮮の理科)教材分析が得られた。

このプロジェクトで網羅した植民地・占領地の教科書はおよそ8割近くに達したと思われるが、課題として（1）一部未着手の満洲・中国占領地・蒙疆及び科目・発行期の教科書と国定との比較研究の取り組み、（2）研究目的の一つであった「教科書比較からどのような植民地青少年を育成しようとしていたか」についてさらなる考察、（3）植民地・占領地間の横断的な教科書の比較研究、が残っている。いずれも今後の研究課題である。

3ヵ年プロジェクトに参加された諸氏に心より感謝申し上げたい。

日本植民地・占領地の教科書に関する
総合的比較研究——その成果と課題

渡部宗助*

0. はじめに

　2006年度に開始された科学研究費補助金・基盤研究（B）による研究「日本植民地・占領地の教科書に関する総合的比較研究－国定教科書との異同の観点を中心に」の最終報告書が作成・発行された。その道のりは「ネフスキー通り」に模すべき（？）「青山通り」を歩むような平坦なものではなかったであろう。この科研費申請を決めたのは、2005年10月16日の運営委員会、「青山通り」から少し入った「青学会館」の喫茶室。それに先行して研究部では宮脇さんをキャップにして「教科書プロジェクト」立ち上げの相談をしていた。この日の定例研究会でも、中田敏夫さんが「台湾教科用書国民読本」と内地国語教科書の語彙比較の研究発表を行った。それ以前に、「植民地・占領地教科書」の復刻編集企画や「新しい歴史教科書」対応問題なども私たちの研究会活動になっていた。つまり、研究会員の「教科書研究」への関心と具体的研究活動がすでに拡がっていたのである。

　その活動をさらに前進させる契機として、研究費確保のために科研費申請を思い立ったのである。「言い出しっぺ」が誰だったか、記憶が定かではないがその1年前頃だったろうか、文科省筋の情報を伝えたのは白柳さんだったと思う。それに直ぐ野次馬的に乗ったのは、評者（渡部）である。科研費に関わったことの経験からの「今がチャンス」という「直感」が働いたのであろう。躊躇する宮脇さんのお尻を叩くやら、持ち上げるやらして（失礼！）何とか「申請する」ことの合意に漕ぎ着けた。それからは宮脇さんの「難行・苦行」の連続だったと傍目にも窺えた。

---
*埼玉工業大学工学部

宮脇さんの勤務校の大学事務局が科研費事務には不慣れだったようで、その分も宮脇さんの肩にのし掛かっていた。

今、こうして作成・発行された『報告書』(別冊と2部構成)を拝見して、一つの感慨を覚えるのは、その過ぎし日のことが頭をよぎったからである。

科研費によるこの研究に組織的に関わった会員が31名、これを機に積極的に研究会に関わった人などの論考・23編（26名執筆）がこの報告書を構成している。これは私たちの研究会の研究活動として画期的なことである。各執筆者には夫々に、「やり遂げた」という達成感とともに「やり残した」という不満足感が錯綜していることであろう。しかし、それは「研究」には常に付き纏うものであって、世に出た論文はその日から少しずつ鮮度が落ちる「生き物」である、と評者は誰かに教えられたことがある。

I.「科研費報告書－23編の論文集」の壮観

「報告書」(23編)を概観して、その特徴と意義について述べてみたいと思う。

(1)「教科」と「教科書」

教科書研究への評者の課題意識と願いについては、「国定教科書と植民地教科書 比較研究の魅力と困難」(『植民地教育史研究年報』第10号、2008,4)で述べているので繰り返さないが、教科書研究はその基礎概念としての「教科」が前提である。従って、教科書研究が「教科」で仕切られるのはある程度必然的と言える。そのことは、「教科」成立自体の根拠や内容の妥当性を問うことを排除するものではない。例えば「理科」は、「自然」を教えるのか、「自然科学」を教えるのか、教科「国語」と教科「日本語」はどう違うか、「日本史」から「国史」への改称自体の意味は何か、と言うような大きな論争点がある。

先ず、本「報告書」の23編の論考を教科別に見れば、

修身（3）、国語・日本語（11）、国史（2）、地理、理科、体操、唱歌、図画、農業、職業（各1）である。中には体操のように「教科」であっても「教科書」のないものもあるが、他方では、「算術・算数」のように今回対象から外された「教科」もある。いずれにせよ、この教科書研

究の配置状況は、「国語・日本語」が約半数を占めているように、先行する研究・調査・復刻事業等を正直に反映している。それは、日本におけるだけでなく、植民地であった台湾等でのそれをも映している。研究者も層をなしていることを意味していると言えるであろう。

（2）比較の観点からの研究

第二に、日本（宗主国）と植民地・占領地という「空間・地域」関係で論考を見ると、

対台湾（4）、対朝鮮（7）、対南洋群島、南方（5）、対満洲（1）；対台湾・朝鮮（5）；対台湾・朝鮮・満洲（1）、という分布状況である。「南洋群島、南方」が相対的に多いのも、先行の研究・調査の反映であるが、同時に占領期間は短いが占領「空間・地域」が広範囲ゆえにその中がさらに分化されているということもある。それにしても「満洲」が少なさ過ぎるという問題は残るだろう。竹中さんの先駆的調査・復刻作業が進められていたにも拘わらずである。比較の方法・観点では日本と「対台湾・対朝鮮」という新しい課題・方法意識の広がりは歓迎すべき傾向ではないか、と評者は思う。つまり、同一の研究者がその研究の出発点から複眼的にアプローチするという植民地教育史研究者に固有に要求される（と評者は思う）姿勢、課題・方法意識の重要性の共有化である。勿論、日本と個別「台湾」、個別「朝鮮」の研究等を突きあわせる研究が無意味ということではないし、その方が「生産性」が上がるという事実もある。その意味ではこの当初からの複眼的方法は駆け出しの若い研究者には厳しい要求かも知れない。

（3）研究者の世代とジェンダー

「報告書」の執筆者を世代（30代〜60代の推定）とジェンダーの点から見ると、

老・壮・青の偏りが少なく、女性の論考は10編・43％（全執筆者26人では38％）を占めている。

今日の日本で、女性の正規の教育・研究職への就職機会が極めて低いことを考慮すれば、私たちの研究会の女性は頑張っているし、世代間の偏差が少ないことと相俟って前途に希望が持てる、という感想を評者は持った。「植民地教育史研究」はマイナーだけれど、主観的には志高く、客観的にも「ピリッ」と「ピシッ」と大勢に対峙できる領域

であると思う。

II.「資料目録」(計3冊) の「壮挙」

3年間の研究活動の間に3冊の「資料目録」類が作成された。
① 『玉川大学教育博物館所蔵 外地教科書目録』(2007.3)、234 p
② 『玉川大学教育博物館所蔵 外地教育史料目録』(2007.12)、72 p
③ 別冊『日本植民地・占領地・国定教科書目次目録』(2009.3)、156p

これら3冊の「資料目録」は、特に①②は白柳さんをはじめ玉川大学教育博物館職員の手を煩わした苦労の結晶である。①の「外地教科書」は、台湾総督府、朝鮮総督府、満洲帝国政府関係発行の教科書類の「目録」であるが、書誌事項が充実しているのが特長で、図書館用語の「副本」もすべて載せてある。「教科書類」と言ったのは、「児童用」「教師用」はもとより、狭義の「教科」書だけでなく、青年教本、附図（地図）、練習帖、教授書、編纂趣意書、今日で言う副読本などを含むからである。分量的には満洲帝国政府関係にものは少ない。②には、①に含まれなかった教育会発行の教科書やその他の諸々の教育関係史料が、賞状・卒業証書類や絵葉書に至るまで「目録」化されている。樺太の資料も多少あることも付け加えておこう。教科書からは多少離れた「もの」にも関心を抱くに研究者には、垂涎の的かも知れない。評者は、何色かの蛍光ペンでマークを入れた。

③は、文字通り、科研費の活動の中から渇望されて作られたもので、ⅰ）教科書発行年比較表（宗主国・日本と植民地）で、立派に「著作権」を主張しうる白柳さんの秀作である。ⅱ）国定教科書と植民地・占領地教科書の教科別、学年別の「目次目録」である。これも本邦初公開の作品である。

研究論文は「生き物」で鮮度が落ちると先に記したが、二次文献と称されるこのような「資料目録」類は「生きた化石」とも言うべきで、「化石」なのだが見るものに常に何かを訴えて「歴史的想像力」を刺激し、歴史を蘇らせてくれるという意味で、それ自身が「息を吹き返す」のである。科研費の適法的効果的活用により生産された、研究の礎（いしずえ）となる貴重な知的財産である。

Ⅲ．「国定教科書」という「尺度」による比較の意義について
（1） 2つの「地域」間比較の「尺度」として

　2つの地域間の比較と異同は、「尺度」がなくても可能である。尺度を用いることなくAとBを即物的に－例えば「教科書」を－横に並べるだけでもある程度の比較はできる。同様にBとCの異同も観察できるだろう。必要ならその都度尺度を考えればいいし、その有効性も否定しない。しかし、そこに共通の「尺度」を用いれば、A・B・C・…の3者以上を一度に比較することができるというのも自明のことだ。そう言う便利な「尺度」を植民地教育史研究に見出して、適用したのが「国定教科書」である。帝国・日本がもたらしてくれた「恵み」と言うべきであろう。総合的「教科書」としての国定「国語読本」と朝鮮、台湾、南洋群島等のそれとの比較、同様に「修身」や「国史」の比較が、本「報告書」でも14編を数える。方法的には、各教科書における「課名」の量的比較をベースに置いている。これは、共同研究としての統一的要請であったようで、それに基点を置いた研究が多いが、そこから一歩踏み出して仮説を提示し、そちらに傾注した研究（合津論文）、課名の量的、時系列的変遷の方は措いて、ある「課目」自体に着目した研究（佐野、佐藤（広）論文）、同一地域の時間差比較の研究もある。これだけ多くの研究者を組織した場合には、研究代表者の舵取りにも苦労があったと推測されるが、「はみ出し」的論考も結果的に許容範囲に収まったことを評者は是としたい。

（2） 多「地域」間比較の共通「尺度」としての試み

　「国定教科書」を「尺度」に多「地域」（台湾、朝鮮、満洲、委任統治地、軍・政占領地）間比較を果敢に試みた論考があったのは心強いことである。中には重圧に耐え切れず途中リタイアした論考（一盛論文）、課名に依る比較自体に疑問を呈した論考（劉・孫論文）、そもそも比較すべき「教科書」がない場合の苦心の論考（西尾論文）、1～2つの「理科」教材の地域間比較を自然科学の目を通して鋭く分析した論考（岩崎・井田・長谷川・高橋論文）、「農業教科書」の多様性とその整理－例えば「国定」は高等小学校用だが、朝鮮では普通学校、台湾では公学校が対象であるとか、日本でもその教科書は地域性が極めて濃厚であるとか－に孤独に

呻吟した論考（井上論文）、国定・台湾・朝鮮の「図画」教科書変遷の鳥瞰図を的確に描いてくれたが、課題の方が盛り沢山であることを自認する論考（佐藤（由）論文）など、(1)には手堅い論考が多いのに比し、(2)の論考は可能性に満ちている、と言うのが評者の率直な感想である。
(3)「国定教科書」を比較軸にする研究の意義
　本「報告書」を通読して、あらためて植民地教育史研究において「国定教科書」を比較軸にすることの意義について、先の拙稿（『年報』10号・2008.4）を補足する形で私見を述べたいと思う。

　日本の「近代教育」をどのように総括して、今日と明日につなげるかと言う問題は、教育に関わる多くの人々の共通の関心事ではないかと思う。その際の時代区分として、「1945年」が分水嶺としてターンニングポイントであった（ある）ことは多くの人が認めるだろう。しかし、その場合でも何が変わり、何が変わらなかったかと言う大きな論点があり、その受け止め方にはかなりの振幅がある。官僚主導は「政治」だけでなく、「教育」も（戦後の一時期を除けば）そうであったという言う意味では、「1945年」では余り変わらなかった、と思う。しかし歴史的事実として決定的に変わったのは、日本が植民地を喪失したということだった。しかも、フランス・アルジェリアのような「植民地独立戦争」を経験することなく、成り行きで失った、という感じの出来事だった。東京裁判で戦争首謀者の「戦争責任」が問われた時も、600万人を越える日本人「引揚者」を含めて、「植民地領有・支配」が反省的に意識化されることはなかった。ましてや、そこで行われた「教育」に目を向けることはなかった、と言っても過言ではない。そして台湾も、朝鮮も「国内戦争」と「分裂国家」状態を経験し、他方で日本は第二次大戦後の東西新国際秩序の一方の側を選択し、同時に沖縄に犠牲を強いて来た。

　私たちが植民地教育史研究を日本人の課題として引き受けているのは、「教育」という切り口からこのような歴史的現実に目を背けずに立っていることを意味している。そして、植民地・占領地を含む日本の「近代教育」の内容に迫る最も具体的な手がかりとなるのが「国定教科書」と準「国定」と言うべき総督府、軍事占領当局の「教科書」（TextBook）である、と言うのが評者の仮説的方法意識である。それは評者のと言うよりは、帝国日本の教育はこの分かち難い関係において、構造的・統合

的に、そして歴史的に捉えねばならない、とした小沢有作さんの使命感と言った方が正確であろう。

　この「国定教科書」と植民地教科書の研究を通して、帝国日本の植民地支配・政策の意図と矛盾と挫折の究明へと向かうことができるのではないか、と思う。両「教科書」の「違い」を超えてなお貫く、日本の「近代教育」の本質が見えて来るように思う。幸いにして「国定教科書」研究にはかなりの蓄積があるが、それをもより深く捉えなおす契機が私たちの「教科書」研究は秘めているのではないか、それは「国定教科書」の相対化であると同時にその問題性の深化を意味するであろう。

Ⅳ．本「教科書」研究へのさらなる期待…成果の確認に立って

　上に略述した成果の確認の上に評者の更なる期待を最後に述べたい。
（１）研究の継続を（休憩を含む）
　この科研費研究に加わった会員、「報告書」の執筆を担った会員は、夫々のスタンスでこの「教科書」研究を継続して欲しいと思う。会員の研究環境は様々であり、相対的には「非正規」雇用研究者も多い。研究の継続も多様なあり方で構わないと思う。「ねばならぬ」姿勢では息切れすることもある。ちょっと「隣りの芝生」的研究に手を染めるのも非難すべきことではない。他の「教科」にチョッカイを出すのも他流試合という意味があるのではないか。思わざるところで、セレンデピテイが働いて「点」が「線」になることもあるだろう。
（２）植民地教育「ご三科」
　評者が植民地教育「ご三科」と呼ぶ、①国語（言語）、②修身（道徳）、③農・商・工（実業）教科領域がある。

　①は総合教科としての性格を持つ国語「読本」に関する精緻な研究蓄積がある。それを今一度「植民地教育」に位置づけるには何が必要か。日本の植民地における言語教育を多少乱暴に「母語・思考・言霊」と「第二言語・交通手段・記号」、「書きコトバ」と「話しコトバ」で図式化すると、50年間はどのように説明できるのか、できないのか。最も進んでいるこの領域では今、仮説が求められているように思う。

　②の道徳の世界は、実は最も厄介な領域だと評者は思っている。「徳は教えられるか」という問いはしばらく措くとしても、植民地の「修身」

が天皇に収斂する「イデオロギー教育」であったことは紛れもない事実なのだが、それとレベルを異にする近代的な「規律」「契約」「権利・義務」「立憲」のような「公民」的世界をどう取り込んだか、排除したか。それには、「国定教科書」の徳目分類研究を批判的に見直す必要があるよう思う。

③は従来「低度労働能力の基礎陶冶」として教育学的には位置づけられたのであるが、「理数」との関連も深く、経済学のデシプリンも求められる、未開拓にして魅力的領域である。井上論文の苦渋は、文字通り「産みの苦しみ」であったと思う。亡くなった原正敏さんが「満洲」の30年代を対象に「技術」教育史研究として仕事をされた。今、「初等」と「初等後」を視野に入れて、植民地の「文明化・産業化・近代化」論と切り結んで、農・水→商→工の「発展」論や1940年代からの「遡り」研究の可能性を踏まえて、どういう仮説が可能か、「3人寄れば文殊の知恵」（誤解を恐れず評者流の表現では「バカ」3人）がどうしても必要だと思う。

（3）サブ（下位）教科！「科学」、「芸術」、「身体」領域

サブ（下位）教科だが、植民地教育の「本質」(歪曲・奇型・欺瞞)を射る可能性があるのが「科学（理数）」、「芸術」、「身体」領域である。研究者自身の「科学・芸術・身体」観（認識）が問われる怖さと背中合わせではある。評者が「一つ覚え」のように強調するのだが、人間（精神・身体）の「自由・解放」（freedom・liberty）という「普遍性」へ開かれていて、しかも「ナショナリズム」のDNAから免れていないのもこの領域である。「教科書」の分量が多くないのは「不幸中の幸い」で、それに縛られずに「理性」「感性」で対象に向かえる喜びもあるだろう。実はこの領域は教育における「ジェンダー」の比重も大きい。

（4）方法論的吟味と仮説への志向を

教科書研究には、それが使用される「教授・学習」場面の再現という最も難しいが、今日に生きる仕事が待っている。教師の指導観がその有力な手がかりを与えてくれるのではなかろうか（北川論文）。

従来の分析枠組み（例えば「内地延長主義」と「現地適応主義」）に囚われない「仮説」による「枠組み」の提示も期待したいことである。例えば1940年代にはどういう「枠組み」が有効だろうか。植民地教科

書研究にもジェンダーの視点が欠かせない。それは植民地・宗主国と異なる様相を呈していたのではないかと思われる。その意味では、「女子向け」教科の問題と同一教科内の「男子用」「女子用」教科書の分析も興味深い結果が想定される。「最後の植民地」は「女性の世界」と言ったのはボーボワールだった。

　教科書の社会学的、経済学的研究の必要性については、以前の拙稿ですでに述べたので省略する。

　（本稿は、2009年7月11日の定例研究会「科研報告書」合評会での報告に加筆修正を施したものである。）

『日本植民地・占領地の教科書に関する総合的比較研究（科研報告書）』合評会での台湾関係論文についてのコメント

弘谷多喜夫*

　当日は先ず全体的に批評を述べ次ぎに各論文について触れたが、時間の関係で論文によっては触れられなかったものもあった。今回当日の発言を文章にするにあたり発言の順序を入れ替え最初に各論文についてのコメントを記し（当日はコメントを省略したものについても）、次に全体のコメントを掲げることにした。

　私が批評の対象とさせてもらったのは、台湾の教科書について取り上げられている１０論文である。各論文はここでまとめて掲げることはしないで以下各論文ごとにコメントを兼ねて紹介する際に筆者と表題を１つ１つ示していくようにする。なお、著者の前の番号は、報告集の目次に記された掲載順のものであるが便宜上そのまま示した。また、教科書の発行時期による区分を示す数字の種類や年表記の仕方は統一されていないので各著者の用法のままに記してある。

　1、白柳弘幸　『国定「尋常小学校修身教科書」と台湾「公学校修身教科書」比較－課名異同から見る台湾総督府の同化教育と皇民教育』

　　　台湾で発行されたⅠ期本（１９１３（大正２）年）からⅢ期本（１９４７年(昭和１７)年）まで全てが取り上げられている。筆者の国定教科書あっての台湾教科書、と短い言葉で表現されている結論は、近代日本の教育政策と教科書の性格を示していよう。その上で、二宮尊徳の事例から国定教科書と同じ人物が現れていてもそのまま同じ内容が扱われていたわけではない、という結果もうなずける。

＊浜松学院大学短期大学部教員

4、前田　均 『台湾総督府1・2期国語教科書の特徴』

　　5期に分けられる台湾の国語教科書のうち1期、明治34年度（1901年）発行分と2期、明治45年度（1912年）・大正2年度（1913年）分の検討がされている。分析結果をそのまま引用して示しておこう。…日本の植民地支配の特徴は「同化」であると言われているが、気候、風土、産業など、学校や学習者を取り巻く環境が異なる「内地」と台湾では完全な同一化は不可能であった

5、合津美穂 『第三期台湾読本にみる「内地化」と「台湾化」－第三期国定読本との比較を通して－』

　　「内地化」とは「台湾読本の独自性が消え国定読本と共通していく現象」であり「台湾化」とは「国定読本との共通性が薄れ台湾読本としての独自性を強めていく現象」とする。この観点からの考察によれば、第三期台湾読本は、教材の枠組み自体は「内地化」していたが、その構成は第三期国定読本と異なり、第一期と第二期の台湾読本と同様、「文明への同化」に重点をおいたものだった、という。「文明への同化」については全体の批評の時に触れる。

6、陳　虹彣 『1937-1945年における台湾の初等国語教科書と国定本の比較研究』

　　国語教科書の第四、第五期の分析である。台湾の編集課は、国定本の教材を採用するときに、国定教材をそのまま「変更しない」ように取り入れることが基本である。ただ、国定本の教材がそのまま取り入れられたのは、多くても全体の五割を超えることはなかった、という分析結果は台湾読本の性質が単純でないことを示唆していよう。

15、一盛　真 『植民地国史教科書と国定国史教科書との比較研究－朝鮮総督府教科書、台湾総督府教科書を対象として－』

　　朝鮮も取り上げられているので複眼的に比較することが可能である。まず、台湾の国史編纂の動きが実に緩慢であること、具体的には、1923年以降に基本的に3つの教科書しか編纂していないこと、及び内容から読み取れる台湾民衆、台湾

の位置づけは変化の少ない一貫して無神経な「国史」であること、などの指摘は複眼的な比較の成果であろう。

18、岩崎敬道・井田哲夫・長谷川純三・高橋　聡『朝鮮・台湾における理科教科書と国定理科教科書との比較研究－教育内容を中心に－』

　筆者等が、理科教育に携わった方々であることが貴重である。教材観は教育方法と切り離せないが、このことが分析の観点に示されている。まとめとして、国定では「稲の受粉」については自然科学の研究に近づけさせないという意図が見られ、一方で「種子の散布」に関しては自然科学の要素を持たせようとする矛盾が見られる。植民地では前者についてはいち早く自然科学研究の成果を取り入れようとしているし、後者についても自然科学的接近をはかろうとすることが見て取れる、とする。

19、佐藤由美『日本統治下台湾・朝鮮の図画教科書－国定教科書との比較分析を通して－』

　台湾の図画教科書「図画帖」の編纂・発行は大正１０（１９２１）年であるが（日本では明治４０（１９０７）年）、それ以前から国定教科書の単元を利用して図画教育を行っていた。教科書にも同一あるいは共通の教材が多いし、共通性は強まっていくのに対し朝鮮の場合は独自のものが多い、という指摘も朝鮮が比較に入っているからである。

20、井上　薫『農業教科書における文部省、朝鮮、台湾教科書の異同－１９３０年代までに発行された教科書課名比較の試みから－』

　農業教科書は、国内では高等小学校に配当され、さらにそれぞれの地方教育会が地域の特徴を活かした教科書を作成し、検定によって出版していたという事情がある（千点をはるかに超えるという）。台湾では１９２２年から公学校５，６年（男子）に配当され（「実科」）、１９３０年から「公学校農業書」が出版されていく。分析では教材は農業生産・増産と密接に関わって位置づけられていることが指摘されている。「植民地

近代」にかかわって論ぜられよう。

　22、劉　麟玉・孫芝君　『植民地台湾・朝鮮・満州の唱歌教科書に
　　ついての初歩的研究－歌詞内容と調性の比較分析を中心に－』
　台湾では１９１５年に初めて『公学校唱歌集』が出版された。２１年
から必修科となり軌道に乗り始めるが、以後２種類出版されるものは文
部省唱歌集の出版状況に忠実に従っていること、１９３４年以降の教材
には台湾の事物・風土を取り入れた歌が多くなるがすべて日本語で作ら
れていること、また調性でも中心はすべて日本の唱歌の特徴に見られる
ものと同一であること等が唱歌科の特徴としてあげられよう。
　２３、西尾達雄　『体操科指導書・教授書・要目の比較検討－
１９２０年代日本、朝鮮、台湾について－』
　１９２０年代の日本の体操指導書と台湾で２７年に公布された学校体
操教授要目との比較検討がされ、内容・方法とも日本とほぼ同様であっ
た、と指摘されているが２０年代という時期と関わっていよう。
　以下、全体についての批評である。
　まず教科書の内容分析を教育史研究からする時に、次のようなことは
方法論的に意識されていることが必要だと思われる。１つ目は、これま
でも政策史として扱ってきた教科書編纂趣意書や教授要旨を教科書の内
容に即してみていくこと以上にどんなことが指摘できるのだろうか、と
いうことである。２つ目は、教科書としての出来、不出来をどのように
見るのか、ということである。３つ目は現在のどのような教育課題に結
びついているのか、ということである。４つ目は現代の教科書をとりあ
げ分析する方法とどう繋がるのか、ということである。
　次に、国定教科書と植民地の教科書の比較という方法についてである。
それらの間の内容の異同ということは、近代日本の国家の在り方と教育
政策から見て充分妥当性を持っている。問題は、比較によってこれまで
の教育史の知見に何が加えられるのか、ということである。見通しとし
ては次のように考えられる。１つ目は、本国の教育を見ていただけでは
分からなかったものは何なのか。２つ目は植民地の教育を見ていただけ
では分からなかったものは何なのか。３つ目は、日本の教育の歴史性の
本質は何なのか。４つ目は、教育の普遍性の本質は何なのか。５つ目は、
現代日本の教育とその課題や見通しに何を寄与できるか、である。

あと「台湾化」という概念についてであるが、日本と植民地との関係は「日本化」が本質であり「台湾化」は方法である。日本の利益が本質であり「台湾化」即ち台湾の利益、台湾性の考慮は方法である。

　同化についての「民族への同化」と「文明への同化」というの枠組みであるが、前者が日本の国体精神を受容することであるのに対して、後者は、近代資本主義文明のつくりり出したものや考え方を受容することである。教科書の内容としては区別できよう。

　近代の学校は、国家の資本主義的生産の必要と国民が衣食住を得、更に利便性を手に入れるために不可欠なものである。それゆえに台湾人民の就学による「民族への同化」も「文明への同化」も衣食住を得るための手段であり方便である。とりわけ日本語は手段である。

　最後に「植民地近代」について。文明をつくりだすのは科学技術であり経済活動であるが、利用するのは政治活動である。端的に言えば文明を支配に利用するのである。植民地では支配階級である日本人に最も文明の恩恵がいくようになっている。「植民地近代」とはこのことを指している。

日本植民地・占領地の教科書に関する総合的比較研究報告書合評会での発表文

鄭　在哲＊

　この度は『日本植民地・占領地の教科書に関する總合的比較研究』を送って頂いて勉強させていただき、また合評会で"当時の体験なども交えて、可能な範囲内で評價・指摘を"と頼まれ感謝して居ります。先づ研究に携わった皆様の研究活動に敬意を表します。長年に亘る各教科別専門の23篇の極めて精緻な研究結果を突然評價・指摘するのは私としては難しい仕事であってただ研究報告書を讀みながら時たま浮び上る幼い頃（64年～70年前）の体験と思い出も込めての意見の一端を述べる事にします。

　日本語でお話をするのが發音・表現・自尊心などいささか氣にかかりますけれども尋常小學校と国民學校（注1）で習った、そしてその後拙著『日帝の對韓国植民地教育政策史』（ソウル；一志社、1985）著述の為に日本の書物と資料を讀みまた時たま日本人の友人と文通を交わした程の日本語でお話をさせて頂きますので表現がまずい点ご諒解お願い致します。

　研究報告書を急ぎ通讀して先づ研究組織の多様さと研究熱、研究資料の豊富さと研究領域の広さ、研究方法の細さ、研究打合せと中間点檢など研究運營に関する組織的接近、研究支援…などに驚き、また切にうらやましく思う一方私自身の無爲に恥かしく思って居ります。

　研究領域に関しては初等教育段階用の主な教科書及び指導書・教授書を、台湾・朝鮮・満州・南洋群島・シンガポール・ビルマ・インドネシア等にかけてすごくこまかく掘り下げて分析を爲しているのに対しまた驚歎して居ります。しかしながら「算術」と、時期及び地域によって異

＊韓国中央大学校名誉教授

なるとは思いますけれども朝鮮の場合「朝鮮語」「朝鮮語及漢文」「家事」「裁縫」「手工」「習字」「工作」などの教科書及び指導書・教授書分析が欠けて居り、地域は中国占領地・蒙疆・フィリピンなどが抜けているのが残念です。また23篇の研究が細かく掘り下げられ且つ綿密な接近と分析を行なった結果を報告したのにもかかわらず'おわりに・まとめ・結びに代えて'などが大部分簡単に結ばれた様な、何か物足りなく思われ分析と檢討に基づいたもっとダイナミックな結論が記述せられたら…と思われました。

日本植民地主義教育政策が同化と差別を原則として恣行されたのは周知の事でありますが研究報告のいたる所でその事がよく指摘されています。

修身教科で、台湾の修身教科書の場合"国定修身教科書の動向を受けつつ同化教育や皇民化教育を推進させるべく編纂されていたと言える"と指摘しながら事例によっては"そのまま同じ内容が扱われていたわけではないこともわかった。植民地統治下という時代状況下にいる台湾の子どもたちに求めたことは国定教科書を使用する子どもたちと異なるものであった"と記述しています。

また朝鮮の修身教科書においては「「日本国民」という用語は好まれていなかった。…「天皇の赤子」「内鮮一体」等の用語が用いられながらも植民地人である朝鮮人の立場を微妙に表示しているものであった。…朝鮮總督府「修身」教科書は…日本国内と微妙な表現の違いを用いることによって朝鮮人はあくまで「帝国臣民」であっても「日本国民」ではないこと、その一方で「帝国臣民」として日本人の下に位置すべき事が主張されているということができると実に妥当且つ明瞭に指摘しています。

南洋群島の場合も"…教科書が国語讀本のみだったこともあるが「國語」を通して言葉だけでなく統治国に従順な「良い子」を育てることに大きな目的があったことが明らかだと思える"と報告しています。

朝鮮の「修身」報告文に'松の木より高く日の丸が翻る繪''国旗掲揚塔''神棚''君が代''皇国臣民ノチカイ''教育勅語''青少年學徒ニ賜ハ

リタル勅語''米国及英国ニ對スル宣戰ノ詔書''奉安殿'などが書かれていますが先ほど私が"研究報告書を讀みながら時たま浮び上る幼い頃の體験と思い出も込めての意見の一端を述べる"と言いましたが私事ながら上記の用語・文句・事柄などが只今私の思い出をうながしています。

　私が住んだ祖先伝来の農村は電氣もはいらない、それで燈盞の燈火に頼って本を讀みながら勉強をした15軒ほどの小さな村でしたが日本の敗戰直前に当局の指示で強制的に'松の木より低い国旗掲揚用の丸木柱'が農産物収穫共同作業場の大庭の片隅に立てられて祝日などの時に'日の丸'の旗がかかげられました。

　'神棚'は各家庭に置くようにと日本人の先生からさんざん言われましたが私の家は勿論の事、神棚を置いた朝鮮人の家を私は一軒も見た事がありません。なぜならば韓国では伝来の祖先崇拝の伝統があって神棚などは異端視されたからです。今も私を含めて伝統を守る各家門では「四代奉祭祀」（高祖考・高祖妣・曾祖考・曾祖妣・祖考・祖妣・先考・先妣の各各の忌日に行う祭祀）と春秋行祀である「時祭」・「茶祭」など祖先のお墓と各家門の祀堂で奉祭祀を行なって居るので日本の神佛習合（神佛混淆）の様な考えと行為は禁物です。祖先を尊ぶ奉祭祀以外の祭事はタブー視されているので神棚などは当然禁忌されたのです。いろんな事を注入強要された私の小學校、国民學校時代でありましたけれども民族の主体性を保つようになった一つの要因は長孫で祭主（司祭者）である祖父を中心として一族がこぞって祖先を崇め伝統的な奉祭祀を行ったお陰であったと思って居ります。

　'君が代'は祝日と何を祭ったのかもわからなかった'奉安殿'前での大詔奉戴日（十二月八日）の行事などの時に、又宮城遙拝と共に歌う事を強いられたので私は今も覚えて居ります。

　'皇国臣民ノチカイ'（皇国臣民の誓詞）は皇道派ファシストである第七代朝鮮總督南次郎の心服で學務局長であった国粹主義者塩原時三郎が作ったといわれるもので、その誓いを徹頭徹尾丸暗記させられ私は今尚覚えて居り、また私の国民學校三年生（昭和16年、1941年）の時の通告表（成績表）（注2）の裏側にまでその誓いが印刷されています。ここで通告表（通信簿）と関連して私の姓と名前、そして所謂創氏改名に関し簡単に説明致します。出生と共に與えられた私の姓名鄭在哲の'鄭'

は姓、'在'は温陽鄭氏一族が前もって決めて置いた第32世の世代に與える行列字(例、私の二人の弟は在完、在満)、'温陽'は本貫(貫郷、地名)、'哲'は祖父と父が相談して選んだ文字であって私の姓名が持っている漢字上の意味がそれなりに解釈出来ます。この姓名が今まで鄭在哲→天野在哲(昭和15年：1940、改氏：創氏)→天野豊康(昭和16年：1941、改名)→鄭在哲(昭和20年：1945、祖国解放と共に姓と名を取り戻す)となりました。元来の姓名で尋常小学校一年生に入學した鄭在哲(注3)が二年生の時に天野在哲(注4)に変えさせられたのは皇民化政策の一環として朝鮮人固有の姓名を日本式に強制的に変えさせた所謂創氏改名政策である朝鮮民事令(昭和14年：1939)によって我が家門は新羅時代以来の由緒深い姓である'鄭'をそれなりの根拠に基づいて'天野'と改氏(創氏)だけをしたが名前も変えろと強要されて'豊康'と変えざるを得なくなったのです。若し創氏改名を拒否した場合は不逞鮮人に烙印されて査察尾行の対象・入學及び進學の拒否・官公署採用の禁止・徴用の対象・物資配給除外・交通機関での貨物取扱拒否などの弾圧をうけるようになりました。それで私の姓名は昭和14年度(1939)尋常小學校第一學年の通告表には鄭在哲、昭和15年度(1940)第二學年の通信簿には天野在哲、昭和16年度(1941)第三學年の通告表には天野豊康、以後第四學年の通告表、第五學年の通知表、第六學年の通告表には同じ姓名となっています。先ほど'鄭'姓をそれなりの根拠に基づいて日本式の'天野'と変えたと云いましたがその根拠について簡略に説明します。韓国の總ての姓には始祖の出身地を表わす本貫(貫郷)があり、私の姓'鄭'はいろんな鄭氏のうち'温陽鄭氏'であって始祖の諱は'普天'です。'天野'は始祖の諱を據りどころにして'普天之下'(出典：孟子萬章上)、即ちあまねく(普)覆ふ大空(天)のもと、月日に照らす限りの土地(野原)と解いて'天野'と創氏し、又名前の'豊康'は將来'豊かで康らか'である事を祖父と父は願ったとの事でした。本貫(貫郷)または姓の由来そして姓それ自体をよりどころとして創氏をした家門が多くて、私の知人及び友達の内記憶に残る創氏は'東萊鄭氏'の内の一派は'東村'、'金海金氏'の内の一派は'金海村'、'新昌孟氏'の内の一派は'新井'、'密陽朴氏'の内の一派は'密城'、'青松沈氏'の内の一派は'青山'などであり、姓それ自体を取って'孫氏'

の内の一派は‘孫田’、‘白氏’の内の一派は‘白川’、‘田氏’の内の一派は‘田原’、‘成氏’の内の一派は‘成岡’、‘金氏’の内の一派は‘金村’、‘南氏’の内の一派は‘南’、‘柳氏’の内の一派は‘柳’などがその例であります。

‘教育ニ関スル勅語’・‘青少年學徒ニ賜ハリタル勅語’・‘米国及英国ニ対スル宣戦ノ詔書’などは時あるごとに暗誦を強要されて難語難文そして長文、何を言っているのかもわからずに經を唱えるが如く暗誦させられたのでその前文の一部分はいまも私の脳裏に残っています。祝日に校長先生が詰襟の国民服を整えて如何に厳めしくおごそかげに低い聲調で勅語又は詔書をいわゆる奉讀してむすびに御名御璽と言ったら目をつぶって頭を下げて退屈に聞いていた私達はようやく終わったなと思った思い出が残っています。
　修身教科が身を正しく修め立派な行いをする様に努める事を教え習わす教科でありながらも教育勅語を寄り所とする教育をしたものであったが故に修身教科は本来の理念から外れたと考えられます。

　國語教科では植民地及び占領地に対する日本の言語教育政策が同化と差別をもとに日本語の注入普及と被支配民族の言語抹殺そして日本語強制注入を通して日本文化の移植などを促進した事が研究報告のいたる所でよく指摘せられています。
　台湾の場合"内地延長主義がとられた。しかし…「土語讀方」のような例があることは忘れてはならない。朝鮮でも…朝鮮語が教えられていた…ことからも…支配のためには何物をも利用するのが支配者だということをわすれてはならない"。"第三期台湾讀本の編纂趣旨書が…第三期国定編纂趣意書に倣って「修身的教材」「歴史的教材」「地理的教材」…「国民的教材」「文學的教材」の７つに分類している。…すなわち…「内地化」されていたといえる。"台湾国語讀本には国定本から直接採用する教材の量が漸次に増え特に日本の国体や…神話と歴史教材に集中している。…文語文や和歌、俳句の教材を取り入れたが…依然として国民精神の涵養・・・錬成を徹底することを最終目標とし…"などを記述しています。教材課名の中には私が習わされた課名も混っています。

朝鮮の場合も"朝鮮人を日本人と同様の思想を持つ人間に作り上げるため国定の教材をそのまま、…改作を行ないながら実際には同様の文章を扱ったことが明らかになった。…教科書の内容では…修身的教材と軍国主義的色彩の濃厚な内容が多かったため讀本より修身教科書に近かったと言える。""朝鮮讀本では'規範的で失禮のない表現に習熟させる'方針が一貫しており全体に丁寧な表現が多い。…朝鮮讀本は規範的な日本語を示して「聞く・話す・讀む・書く」四活動を相互に連関させつつ日本語を習得させるためのテキスト…朝鮮の「国語科」は植民地支配の産物で…無論朝鮮語の否定の上にあった「国語科」…"、"内地との比較対照から…低学年から高学年に進行するに従って…高学年になればなるほど、一字一句統一されている。これは…朝鮮側の内地への統一ということであって両者が歩み寄って成立した統一でないことは念頭に置いておきたい。…"と記述しています。また"台湾・朝鮮は日本の「領土」下における植民地教育という位置付けから、皇民化教育の妨げになる母語教育は廃止され、日本語を強制する政策がとられた。(＜「満州」の初等教育用日本語教科書＞の研究報告での指摘)…"などを報告しています。参考として朝鮮に於ける1906年〜1945年の初等學校・男子中学校・女子中等学校・男子師範学校・女子師範学校での朝鮮語教科及び日本語教科の週当授業時数比率(図6－9〜図6－13)を提示します。(鄭在哲、上掲書、PP.502〜504.)

図6－9では所謂隨意科目であった「朝鮮語」が記録としては昭和16年(1941年)に廃止となっているが隨意科目であったが故に私が通った学校では1940年に校長の隨意によって既に廃止されていました。その結果私は1945年(昭和20)祖国光復の時に中學校一年生でありながらも自分の国の文字であるハングルも知らなかった文盲者であり、幼い時に習わなかった影響が今にまで續いています。また1940年代は所謂国語常用即ち日本語常用を強制された時期でありましたが各家庭の日常生活は当然の事ながら朝鮮語常用の生活であったばかりでなく学校内でも教室の外では朝鮮語を使って遊びました。ただ学校で朝鮮語を使って遊ぶ現場を見つけられた場合は罰を受けました。朝鮮に於ける日帝の日本語強制注入政策は母語抹殺政策であると同時に他言語強制習得による二言語使用生活を促す様になり、朝鮮語學会・朝鮮語研究会・朝鮮語音

〈圖6-9〉 初等學校의 韓國語 및 日本語教科의 週當授業時數 比率(1906~1945)

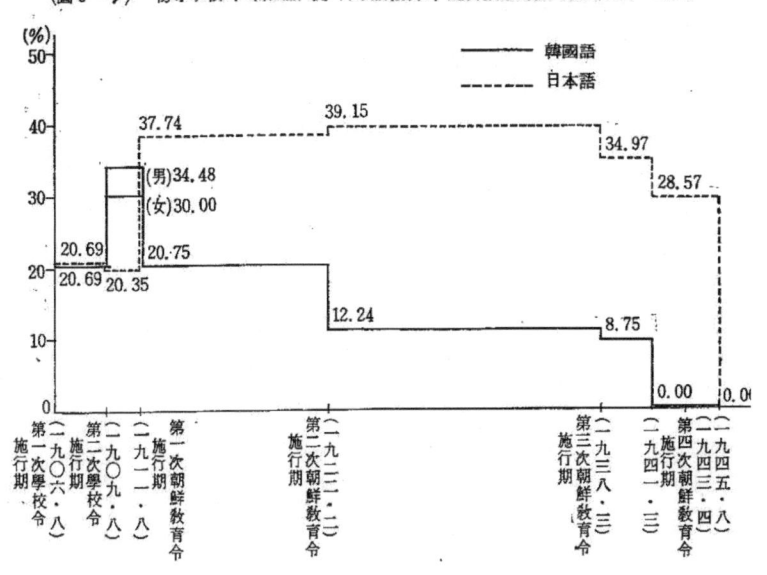

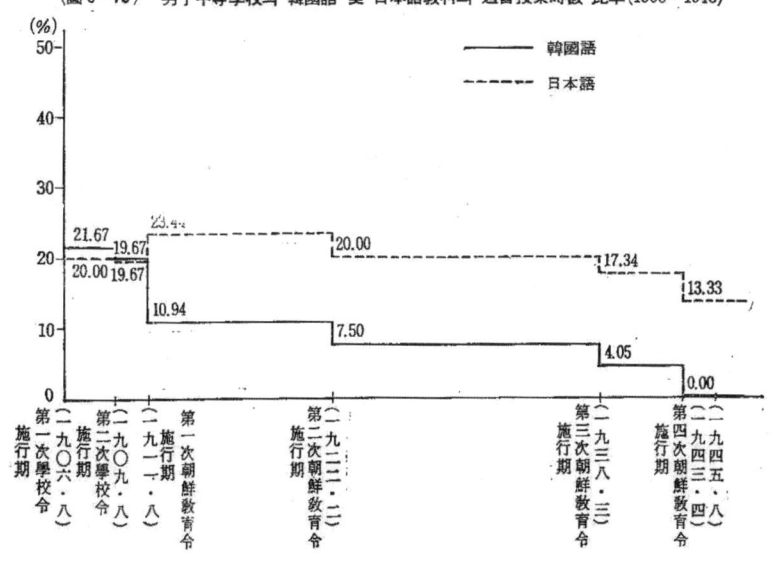

〈圖6-10〉 男子中等學校의 韓國語 및 日本語教科의 週當授業時數 比率(1906~1945)

〈圖6-11〉 女子中等學校의 韓國語 및 日本語敎科의 週當授業時數 比率(1909~1945)

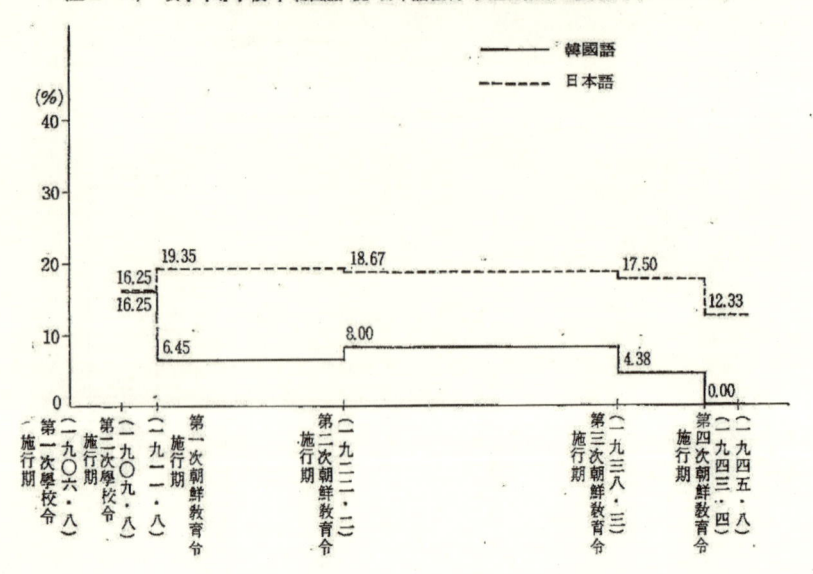

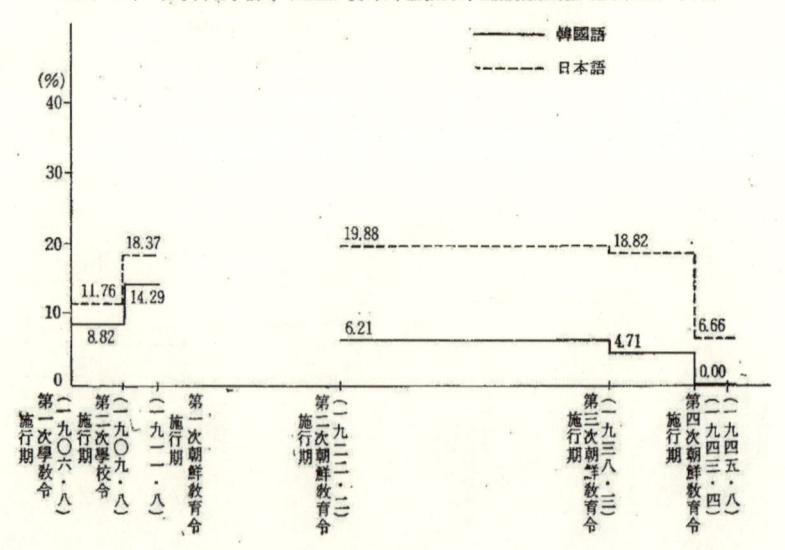

〈圖6-12〉 男子師範學校의 韓國語 및 日本語敎科의 週當授業時數 比率(1906~1945)

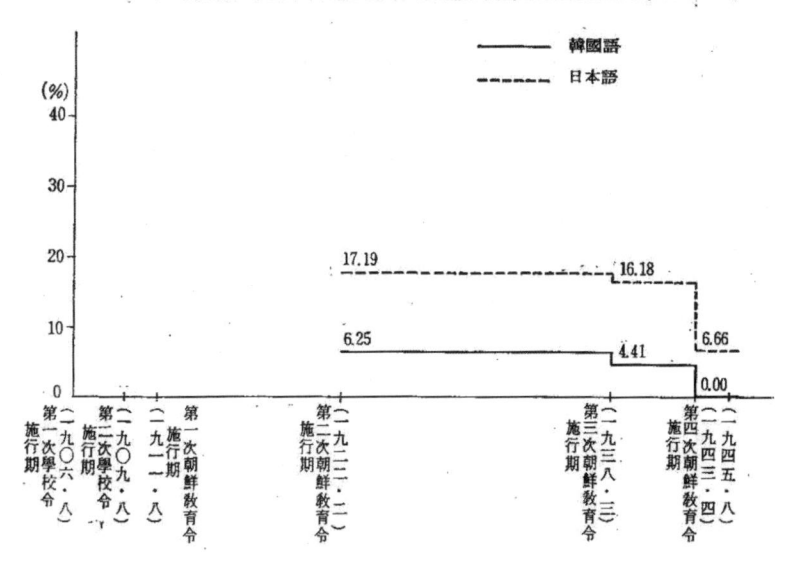

〈圖 6-13〉 女子師範學校의 韓國語 및 日本語教科의 週當授業時數 比率(1922~1945)

──── 韓國語
- - - - 日本語

(%)
40
30
20   17.19   16.18
10   6.25   4.41   6.66
0   0.00

第一次朝鮮教育令施行期（一九〇六・八）
第一次學校令施行期（一九〇九・八）
第二次學校令施行期（一九一一・八）
第一次朝鮮教育令施行期
第二次朝鮮教育令施行期（一九二二・二）
第三次朝鮮教育令施行期（一九三八・三）
第四次朝鮮教育令施行期（一九四三・四）
（一九四五・八）

聲学会・朝鮮語講習会など朝鮮語を愛する擧族的運動が展開されたのにもかかわらず朝鮮人児童の創意性・自主性・主体性・合理性等の近代性成長は抑圧される反面、事大性・模倣性・隷属性・精神的混迷など前近代性が助成される結果を引き起したと考えられます。

　満州・南洋群島・シンガポール・ビルマ・インドネシアなどでの日本語教科書比較に関する各々の報告を讀み、敬意を表しながら意見を述べる事は省略致します。ここで提起したい所見は'国語グループ'では共通基準をあらかじめ決めて研究作業を行なったと報告していますが基準を決めた長短がある反面研究の独創性と関連してその長所を考えて見るべきだと思われました。報告された全地域の日本語教科書の課名を瞥見しながら昔時を思いただせる共通課名は'モモタロウ・浦島太郎・間宮林臧・柿右衛門・われは海の子・日本海海戦・廣瀬中佐・見わたせば・日本武尊・御民われ'、そして一茶の俳句などです。その中大部分は日本文化及び日本歴史とつながり、またその一部は歌詞となって歌われ私は今も歌う事が出来て、当時日本語を計略的に習わせられたのに驚いています。

国史教科書が皇国史観そして植民地に於いては特に同化と差別に基づいて編纂されたことが研究報告書のいたる所でよく指摘されています。"…「国がら」、「国体」、「海外のまつりごと」、「国のはじまり」、「神国」、「皇国」、「東亜」、「内鮮一体」、「共榮」という言葉が朝鮮總督府教科書の方に強く押し出されているのが目に付く。「国体」-「内鮮一体」-「東亜」・「共榮」という東亜共榮圏を「支える」存在としての植民地朝鮮民衆に對する「教育」観=歴史観が打ち出されている。明確に植民地向け教科書として、朝鮮では確立されていたのである。…徹底した「同化政策」は日本植民地支配の特徴として共通しているものの二つの地域(台湾・朝鮮のこと。筆者注)の植民地教育のあり方には大きな違いが存在した。…1940年代には朝鮮民衆・朝鮮半島は東亜建設の基盤であり要としての位置を意識した物となっていった。""「国史教育は同じ'皇国臣民'作りを標傍しながらも、日本人には帝国の主人としての支配者の位置を、朝鮮人には帝国の一員ながらも大和民族の下位に位置して、その命令に服従する位置を付與しようとしたのである。このために總督府の教科書が服従の心理を引き出そうとしたとすれば、文部省の教科書は征服・支配の心理を培うことを目的とした」キム論文に学びながら、近現代史の叙述から、朝鮮人にどのような日本像を植えつけようとしたのか、…児童の感性に訴える工夫をこらすことで、徹底した皇国史観を完成させたいということであらう。もっとも事実から遠い、恣意的な歴史記述となったのである。…1940年代における朝鮮總督府刊行の国史教科書は第五學年は「国体明徴」を、第六学年は「国運發展」を、それぞれ目的に編纂された。…それはみごとに大東亜共榮圏構造に應じたものであったといえよう。…1944年『初等国史』第六学年の「玉碎」の記述は、驚くほかない。「死」を共催する教科書は、あきらかに国内の国定国史教科書にない、植民地教科書の特色であったといえないだらうか。"と報告しています。ここで"…事実からは遠い恣意的な歴史記述…「死」を強制する教科書は、あきらかに国内の国定国史教科書にはない。植民地教科書の特色…"などの報告を我々は深く吟味すべきだと思います。日本史記述の核心であった皇国史観、即ち日本の歴史を所謂萬世一系の天皇を中心とする国体の発展に中心を置く歴史観に対して深く考え

るべきだと思うのであります。何故ならば皇祖皇宗の後孫である萬世一系の現御神（現人神・現神）、神聖不可侵の天皇がまつりごとをする日本は皇国・皇御国・神国・神州であると教えた前近代的政治的迷信・迷夢・虚偽・架空・偏見の体系が天皇制中心の皇国史観であったと思うからです。'神勅・御歴代表・天照大神・神武天皇・日本武命・神功皇后…'の順で、そして神話・説話にたよって、また特に虚像造出に利用された神功皇后神話などによって編纂された日本史の教科書によって教育された世代、そしてその影響を受けている人々が如何に思考し又行動しているのか…。'萬世一系'と関連して、學校で天皇家の歴代を暗記させられたが私は出来なかった事、級友の一人が一條天皇を'一等天皇'と呼んだので學級内が笑場となりその級友は'馬鹿野郎'と先生から叱られながら杖で打たれた事、何故彼はほかの天皇は覺えて居りながら一條天皇を'一等天皇'と云ったのかなどが思い出せます。

　唱歌または音樂に門外漢である私があえてこの教科に関心を寄せるのは日本唱歌または音樂の歌詞や旋律が今も私の感情や記憶に残されていて情緒教育というものが意外に大したものだな…と思われるからです。この点に関して"唱歌（音楽）教育が…日本的な音を通して…傳統音楽を軸とした民族の魂を消し、和洋折衷の日本的な音の体系で構成された情緒に置き換え、日本精神を植え付けたのである。今日の韓国において…根強く残存する「倭色問題」はこのような学校教育を背景に内面化された植民地文化が影響している。それは唱歌の内容を學んだ人々の魂の中に無意識に内在化されているからである"（高仁淑、『近代朝鮮の唱歌教育』福岡九州大學出版会、2004）との意見に対し私もほぼそう考えられるのであります。'国民ノ美感ヲ養フ、徳性ノ涵養、国民ノ情緒ヲ醇化スルモノ'としての当時の日本の唱歌教育の理念に異議はありません。しかしかつてそれが政治化されて大日本帝国の国民精神の涵養・錬成そして他民族同化の道具に利用された事が批判されるべきであります。唱歌教科書についての研究報告では自然類・生活類・国民精神類・近代知識等4グループに大別した歌詞のうち、国民精神類の歌詞が各植民地に於いて一番高率に含められている事が記述されています。また"児童の心情に適し、美感を養うという芸術教育の側面と忠君愛国の手段として

の側面が同時に現われていた。…このシリーズの唱歌集は日本のものと同様国民精神の涵養という大きなスローガンの元に作成されたものである總督府によって天皇や歴史人物を称えたり儀式唱歌を唱わせたりする、いわゆる日本精神を植え付けるような歌…"なども歌詞内容の分析で述べて居ります。旋律の分析では"長調の音樂がほとんどで…それは児童にとって長音音樂の方が勇壯活溌な精神を涵養しやすいという明治期の日本唱歌教育観に由来している…つまり音感的に日本人好みで、音の組織上「和洋折衷」的であるという…「ヨナ抜き長音階」が…台湾と朝鮮の在来音樂を無視し日本人好みの音樂だけを被植民者に押し付けたことを意味する…植民地の唱歌教育は日本の植民地教育の一環として施されたため…日本のものをそのまま転載するか日本の唱歌を参考にして現地で新たな歌を作るという２つのパタンが一般的であった"。と述べています。報告であげている歌のうち台湾と朝鮮で共に採択された歌は'君が代、海ゆかば、仰げば尊し、螢の光'などであり、これらと共に'サクラ、春が来た、夕焼小焼、靴が鳴る（お手てつないで…)、ふるさと（兎追し…)、この道は、菜の花畑、我は海の子、御民われ'などが学校で歌われました。曲名不明ながらも思いいだせる時局歌または軍歌は'勝って来るぞと勇ましく…、見よ東海の空あけて…、我が大君に召されたる…、金鵄輝く日本の…（紀元二千六百年の歌か)、勝ったぞ日本断じて勝ったぞ　米英今こそ撃滅だ…、赤い血潮は豫科練の…、さらばラバウルよ…、及び大人の歌のうち'荒城の月（春高楼の)、旅愁（更けゆく秋の夜)、誰が故郷を想わざる、酒は涙か溜息か、青い背広で…'などであり政治とか道徳に於ける歴史的社会的立場に制約されたイデオロギー的考えとは別として只今私には一種の幼い頃の思い出の歌となっています。登校する時にはその組織を名称は忘れましたが村單位の登校班を学校で作られて上記の唱歌、時局歌又は軍歌から選んだ歌を歌いながら村の子ども達が一緒に団体（集団）登校、途中神祠が見える十字路に出会ったところでは神祠に向かって最敬禮をして通らなければならなかった当時の日常でありました。最近時たまテレビジョンで放映される北朝鮮の平壌で子達が隊伍を組んで登校行進するのを見かけますが日帝統制下で私達に強制された登校団体行動があそこでは延長されて今尚もそのまま実施されているのかな…と思われました。この度の私の役目に若しか参考にな

れば…と思って父母が朝鮮の歌の音盤と共に持っていたレコード盤のうち日本の歌を探ぐって'湖畔の宿、高原の旅愁、春よいづこ、湖畔の乙女、九段の母、上海の花賣り娘、影を慕いて'などと共に'皇国の母、愛国班の唄、国民總力の歌、学徒動員の歌、勤勞をとめ、働かうぜ友よ、空だ男の行くところ、僕は空へ君は海へ、無敵皇軍、十億の進軍、みいくさに仕ふ－女子挺身隊の歌－、仕奉增産歌、戰い抜かう大東亜戰、壯烈特別攻撃隊、海を渡る荒鷲…'などを発見、緊迫であった敗戰直前の日本のあわてぶりなど昔時を思い浮べました。歌詞を通しては日本語は勿論のこと日本思想の注入、旋律を通しては日本音色に侵潤させて窮極的には植民地民族同化の道具に利用したかったのが唱歌教育であったと考えられます。しかし下校して村で遊ぶ時には学校で習われた日本の歌とは別に昔から伝って来た朝鮮の歌'アリラン、半月、月よ月よ明るい月よ、青き空銀河水、桔梗、鳳仙花、兄を思う、天安の三辻、山兎'などを歌いました。大人の朝鮮の歌は'時調、農謠、打令'など各種民謠と共に'去国歌、放浪歌、死の讚美、希望歌、荒城の古跡、石炭白炭燃ゆるに、鷺梁津の河辺、陽山道アリラン、豆満江の舟人、晋州の月夜、順風に帆掛けて、微風は夢を乗せて、暁が近づいた…などの流行歌が愛唱されました。（註、上記曲名の中一部分は父母が残したレコード盤より選定）以上の如く決して生易しくさせるが儘に引きづられておとなしく日帝に従がう事はしなかったのが朝鮮民衆でありました。連綿として民衆の間に伝誦されて来た基層なるもの（民俗・民族・民謠・風俗など）が素材となって民族の抵抗意識を刺戟しまた長い歴史を貫ら抜いて独自性を保って来た朝鮮民族の強靭性の一つの現われが数々の朝鮮の歌であったと思います。

　地理、理科、図画、農業、職業、体操などの各教科書に関する研究報告を讀んでいろいろ勉強させて頂き感謝しながら意見を述べるのは遠慮させていただきます。ただ農業教科書の研究報告では"1940年代は外すこととした"とされて居りますが研究報告とは関連無しに私が国民学校第五・六学年と工業学校第一学年生の時（1943～1945）に体験した事を簡単に述べる事にします。食糧增産と勤勞動員の立前で春には田植えと学校の中庭及び花壇を畑に開墾して児童各自が担当する農産物の生

産（私に與えられた作物は茄子の栽培であった）、夏には草刈り（堆肥生産、私は鎌使いを損なって手に怪我をしその傷痕が残っている）と戰闘機燃料油原料と云われながらの松根掘り、秋には稲刈りと学校ストーブ燃料用の松かさ拾いと兵隊さんに送る防寒用皮と言われながらの団体兎狩りなどさまざまな事が行なわれました。此等は日本植民地末期敗戰直前の苦況を物語る一断面でありました。

体操指導書・教授書・要目などと関連しては研究報告の'はじめに'記述された"朝鮮人には(1)教練教材を実施しない措置、(2)遊戯教材には「自由さ」や「強健さ」を育成する教材が意識的に配当されていないこと、(3)規律と秩序は求めつつも強健な身体ではなく普通の健康な身体を求める"などの意味または理由を深く吟味しながら、1920年代の日本と台湾にはあった'剣道と柔道'が朝鮮では抜けている理由がそれであったのかな…とも考えて見ました。しかし、昭和16年(1941)の第四次朝鮮教育令により私が国民学校第五・六學年生の時には男子は竹刀を使用して'お面・小手・つき'などの号令と共に剣刀を、木刀と木銃を持っては教練を習わされて私の第五学年の通知表と第六学年の通告表には体錬科（体操・武道）武道の成績点数が各各記録されています。また女子は木製薙刀を持って訓練をされたと思われます。この時は'本土決戰'と言う標語が出されて少年戰車兵・少年航空兵・少年通信兵・豫科練（飛行豫科練習生：海軍）等の志願兵募集が朝鮮でも行なわれ様とした時期だったので当局としては武道はそれなりに教える必要があったのだろうと考えて見ます。昭和20年の私の工業学校進学は実は前記の少年兵志願とゆかりがありました。素質は文科系でありながらも私が工業学校機械化へ進學をしたのは若しか強制されるかも知れない少年兵志願強要を避けるには後方要員になれる工具が最適と云われて、また空襲に對処した「疎開令実施要綱」（昭和18年）による出身地道内進學に限ると決められて道庁所在地にある工業学校に進學し、その結果私の素質または適性とかかわっての影響が今も続いています。進學後4月から7月までには「學徒動員規程」（昭和19年）による田植え・防空壕掘り・飛行場建造工事の手伝いなどに廻された後8月に日本の敗戰と共に解放されました。

他民族同化は不可能な事であると確信しながら以上卑見を述べた次第であります。

注1　昭和14年（1939）4月：尋常小學校入学
　　　昭和20年（1945）3月：国民學校卒業
　　　昭和20年（1945）4月：工業學校入学
　　　昭和20年（1945）8月：祖国光復

注2　第三學年の通告表（昭和16年度）合評会当日復寫提示
注3　第一學年の通告表（昭和14年度）合評会当日復寫提示
注4　第二學年の通信簿（昭和15年度）合評会当日復寫提示

VI. 彙報

2009年1月～2009年12月までの本研究会の活動を報告する（文中、敬称略）。

（1）組織・運営体制

本研究会には、会則7条によって、奥付頁記載の役員が置かれている。役員の任期は3年、『年報』編集委員の任期は2年とされている（第9条）。本年は役員、編集委員が同時に改選される年となった。そのため2009年3月の研究大会時に以下のようになった。尚、5月までは事務局長は渡部宗助が行い、5月以降、白柳弘幸がその任についた。

代　　表：西尾達雄
運営委員
○書記・通信部：（議事録・通信・WEB更新支援）井上薫・北川知子
○企画・編集部：（年報編集・叢書計画案・シンポ企画等）弘谷多喜夫・前田均
○研究・資料部：（年次研究テーマ（科研）、定例研究会等）田中寛・渡部宗助
○宣伝・販売：（年報の販路拡大など）小黒幸司・松浦勉
　　事務局長：（総務・渉外・各部との連絡調整）白柳弘幸
　　事務局員：（HP担当）山本一生／（研究業績作成）小林茂子／
　　　　　　（会計）合津美穂／（会計監査）清水知子・陳虹彣
　　年報編集委員会：（委員長）中田敏夫（委員）・弘谷多喜夫・前田均・
　　　　　　宮脇弘幸・李省展

本年の主な活動は以下の通りである。
1）研究会総会（年1回、研究大会時に開催）
　2009年3月28日（土）龍谷大学大宮学舎
2）運営委員会（研究大会準備、日常的会務のために年数回開催）
　①3月28日（土）龍谷大学大宮学舎　研究大会準備
　②3月29日（日）龍谷大学大宮学舎　新運営委員顔合わせ、運営委員会の確認事項
　③6月6日（土）中京大学（本年度研究大会準備、7月研究会準備）
　④7月11日（土）大東文化大学（本年度研究大会準備等）

⑤ 10 月 24 日（土）大東文化大学（本年度研究大会準備等）

3) 研究部（研究例会を 2 回開催、企画、案内）
　① 7 月 11 日（土）大東文化大学
　② 10 月 24 日（土）大東文化大学

4) 編集委員会（年報の編集と発行）
　① 6 月 6 日（土）中京大学
　② 9 月 26 日（土）中京大学
　③ 10 月 24 日（土）大東文化大学
5) 事務局（事務連絡、会計、ホームページ管理等）

（2）第 12 回研究大会の開催

　第 12 回研究大会は、2009 年 3 月 28 日（土）から 29 日（日）、京都・龍谷大学大宮学舎で開催された。重要文化財指定の重厚な校舎を持つ古都京都での開催であった。

　1 日目は、午後 1 時半から 5 時過ぎまで「植民地教育研究にとって"三・一独立運動"とは」のテーマでシンポジウムが開催され 23 名が参加した。今年は「三・一独立運動」90 周年、来年は韓国併合 100 周年という節目の年にあたる。そうした中、「三・一独立運動」が韓国・朝鮮のみでなく、同じ植民地に置かれていた台湾では、どう受け入れられていたのか、日本国内での反応はどうであったのか等について話し合われた。朝鮮研究から三ッ井崇会員、台湾研究から陳虹彣会員、日本研究から松浦勉会員が発表。コーディネータは廣川淑子会員。総会後、懇親会が大宮校学舎内の清和館にて行われた。

　2 日目は午前 9 時から、正午を過ぎまで 6 本の「自由研究発表」が行われた。
1) 白柳弘幸（玉川大学教育博物館）：「台湾「公学校修身教科書」に登場する人物―人物を通して何を学ばせようとしたのか―」
2) 北川知子（大阪教育大学・非）：「朝鮮読本に見る初期日本語指導」
3) 宮脇弘幸（宮城学院女子大学）：「南方占領地教科書と国定教科書教材の異同性」

4) 白恩正（創価大学・非）：「朝鮮の地理教科書『初等地理書』と国定地理との比較」
5) 井上薫（釧路短期大学）：「植民地初等教育機関における農業科の位置づけと農業教科書の特徴—国内・朝鮮・台湾の農業教科書比較研究から—」
6) 松岡昌和（一橋大学・院）：「日本軍政下シンガポールにおけるこども向け音楽工作と学校放送」

（3）第13回研究大会の準備

　研究大会・総会は近年、首都圏とそれ以外の地域で隔年開催している。2009年6月6日の運営委員会において、第13回大会開催を2010年3月27日（土）、28日（日）の2日間、中野区にあるこども教育宝仙大学で行いたい旨を佐野通夫会員に打診。大学側の許可を得ることができた。運営委員（企画担当）の前田均会員からの提案を受け「植民地の児童文化について」のシンポジウムを開催することになった。

（4）定例研究会の開催

　本年行われた定例研究会の日程、報告は以下の通り。
　＊第22回定例研究会：2009年7月11日（土）大東文化大学
　　—植民地・国定教科書比較「科研報告書」合評会—
　平成18年度～平成20年度までの3年間、当会会員30余名の会員が参加した科研プロジェクト研究「日本植民地・占領地の教科書に関する総合的比較研究—国定教科書との異同の観点を中心に—」の報告書についての合評会とした。宮脇代表から3年間の事業についての報告が行われ、鄭在哲先生、弘谷多喜夫会員、渡部宗助会員からの講評が行われ、3年間のプロジェクトを深めあった。当日は韓国から鄭在哲先生（元韓国教育学会会長・元韓国教育史研究会会長）をお迎えした。鄭先生は報告書の講評の他に、日本統治下の教育を受けられた体験についても語られるなど貴重な時間となった。尚、鄭在哲先生の招聘費用は会員のカンパによってまかなわれた。

　＊第23回定例研究会：2009年10月24日（土）大東文化大学

1）小林茂子「旧南洋群島公学校補習科教科書『地理書』(1932年)の内容分析―特に第三次補習科用『国語読本』との対比を通して―」
2）滝澤佳奈枝「植民地台湾における技芸教育―台北第三高等女学校を中心に―」

(5) 年報『植民地教育史研究年報』の発行について

　第11号『植民地教科書と国定教科書』を皓星社から6月22日付で出版した。特集は、前年度、玉川大学で行われた国際シンポジウム「植民地教科書と国定教科書――何を教え、何を教えなかったか」。この他、研究論文、研究資料、旅の記録、書評、気になるコトバ、彙報で構成した。

(6)「研究会通信」の発行

　研究会通信「植民地教育史研究」は、第28号（2009年2月25日付）、第29号（2009年6月24日付）、第30号（2009年9月25日付）の、3号を発行した。
　第28号では、3月に龍谷大で行われる研究大会シンポジウムの主旨、研究大会自由研究発表の紹介、『年報』第11号の内容を掲載。
　第29号では、第22回研究会の案内、「年報」原稿の募集、Ⅴ期・新代表の挨拶、「科研報告書」合評会および鄭在哲先生招待について、第Ⅳ期（2006.3〜2009.3）の日本植民地教育史研究会を省みて、第12回研究大会報告、会費納入のお願い、封筒の会費表示、別紙に研究会からのご連絡、研究会（7/11）会場へのアクセス/総会記録等を掲載した。
　第30号では、第23回研究会のご案内、第22回研究会のご報告、鄭先生招聘カンパについて（報告とお礼）、2006年〜2008年科研報告書の報告書一覧、2008〜2009年（9月20日現在）の会員業績紹介、第11回研究大会の報告、年報発行に関して、第12回研究大会のお知らせを掲載。

(7) 植民地教科書研究プロジェクト

　平成18年度〜平成20年度の3ヶ年取り組んできた科研の報告書が発行された。『報告書』本体と、別冊『目次目録』で構成。『報告書』は総367頁、『目次目録』は156頁。

『報告書』には参加者による 23 本の論文が収められた。『目次目録』には、会員の研究成果の一つである国定教科書と二府定教科書の各期・各教科の目次を掲載し、今後の同種の研究の基礎資料として生かせるように配した。

また、今回の科研の継続研究として「植民地教科書と新教育」を主題にとして、平成 21 年度からの科研申請を行ったが不採択という結果になった。捲土重来を期すものである。

(8) その他

運営委員会及び編集委員相互の日常の諸連絡や相談についてはメールによって行われている。

（事務局長・白柳弘幸）

編集後記

　編集委員長として本号から関わることになりました。これまでに歴代の編集委員長を中心に「形」が作られてきていたことが財産になっていて、編集上の課題は今年度、特別なかったように思います。『年報』に関わる「原稿審査要領」、「書評選考規定」、「投稿要領」などが整理されていたことも編集を進める上で大いに助かりました。

　今号が従来と変わった点は「巻頭言」を設け、今年度代表に就かれた西尾氏に執筆いただいたことです。次号からも代表に執筆いただくかどうかはまだ決めていません。皆様のご意見を伺ってからと思っています。

　今号の誌面のトピックスは、「V. 研究活動報告」として、2006年度から2008年度の3カ年取り組んだ科研プロジェクトの合評会の報告を入れられたことです。とりわけ第22回定例研究会（植民地・国定教科書比較「科研報告書」合評会）においていただいた鄭在哲先生（元韓国教育学会会長・元韓国教育史研究会会長）に原稿を頂けたことはありがたいことでした。

　一方で課題もありました。まず「気になるコトバ」が掲載できなかったこと。実は、私はこの「気になるコトバ」の大ファンでした。「隠されたカリキュラム」は教師の教えや、学校制度の裏に隠されたメッセージが子どもたちに伝えられていくものですが、日本語として成立している我々のコトバにも、子どもたちに無自覚的に、規範とか価値観、国家観を埋め込んでいくようなものがある、それをひとつひとつあぶり出していくのが「気になるコトバ」だと思っていました。このコラムは『年報』の大きな社会的責任のように感じていました。それだけにこれを掲載できなかったのは、残念であり、大いに反省しているところです。

もう一つは、「書評」が2点にとどまってしまったことです。

13号に向けて、充実した『年報』になるよう、準備を万端怠らないように心がけていきたいと思っています。（中田敏夫）

　『研究年報』第12号が発行され、その編集に加わった一人として発行を喜びあいたい。

　今号は、昨年のシンポジウムのテーマ「教育史研究と三・一運動と」が特集テーマとして掲げられた。朝鮮人の植民地支配への抵抗と主体性を要求した三・一運動とそれを弾圧した日本帝国の歴史は、大変重いテーマであるが、それを朝鮮研究、台湾研究、そして日本研究の視点から、新たな研究動向をまじえた論考として発表された三氏に敬意を表したい。その他の掲載論文は、研究論文二本、旅の記録一本、書評二本、科研関係四本となっているが、これらも地道な研究・調査の蓄積があっての結果である。欲を言えばもう少し多くの会員から論文、研究ノート、調査報告への投稿を望みたいというのが編集委員としての感想である。

　植民地教育史の研究は、日本が支配した最大地域まで広げれば、そこの文献史資料発掘とその史資料による教育制度、教科書・教材の研究から、教育施設調査・教育実態の聞き取り調査などフィールドワークを伴う研究に至るまで、まだまだ未着手の領域・地域がたくさんある。その調査研究から発見できたあんなこと、こんなことをこの年報で「研究ノート」でも「調査報告」でも投稿してもらえれば嬉しく思う。次号のさらなる投稿を期待したい。（宮脇弘幸）

著者紹介

西尾達雄
北海道大学教員。朝鮮近代学校体育政策やスポーツ政策を中心に研究。現在、朝鮮人のスポーツ活動と日本人教師・指導者との関わりに関心をもっている。『日本植民地下朝鮮における学校体育政策』(明石書店、2003年)、『身体と医療の教育社会史』(共著、昭和堂、2003年)、『教育史研究の最前線』(教育史学会、日本図書センター 2007年)。

渡部宗助
埼玉工業大学工学部。日本近現代教育史。『教育刷新委員会／教育刷新審議会 会議録』(全13巻、編著、岩波書店、2007)、「教員の海外派遣・選奨の政策史と様態」(小島勝 編著『在外子弟教育の研究』、玉川大学出版部、2003)、『教育における民族的相克』(編、東方書店、2000)。

三ツ井崇
同志社大学言語文化教育研究センター准教授。1974年福井県生まれ。朝鮮近代教育・文化史、言語社会論。『日本植民地研究の現状と課題』(共著、アテネ社、2008年)、『揺らぐ言語たち』(共著、成均館大学校出版部[ソウル]、2008年)、『歴史学の世紀』(共著、ヒューマニスト社[ソウル]、2009年)。

陳 虹彣
平安女学院大学 (講師)。「日本統治下台湾初等国語教科書における台湾人向け教材について―1937－1945年の教材を中心に―」、『平安女学院大学研究年報』第9号 (2008.12),pp.55～63、「日本植民地統治下の台湾教育会に関する歴史的研究」、『近代日本の中央・地方教育史研究』梶山雅史編著第十二章所収 (2007.9)、学術出版会。

松浦 勉
八戸工業大学教員
『日本近代教育と差別―部落問題の教育史的研究』(安川寿之輔、一盛 真との共著、明石書店、1998年)、『差別と戦争』(渡辺かよ子との共編著、明石書店、1999年)、「『総力戦体制』の形成と日本の教育学―阿部重孝の教育改革・学制改革の思想とその特質―」(『八戸工業大学紀要』第24号、2005年3月、など。

井上 薫
釧路短期大学。1962年生まれ。研究分野は、日帝下朝鮮における教育政策、日本語強制。

山本一生
東京大学大学院教育学研究科博士課程及び日本学術振興会特別研究員 (DC2)。1980年オーストラリア・シドニー生まれ。「帝国日本内を移動する教員」(『日本の教育史学』52、2009年)、「山東省膠澳商埠における壬戌学制の定着過程」(『アジア教育史研究』18、2009年)。

佐藤 量
1977年生。立命館大学大学院先端総合学術研究科／大阪市立大学都市研究プラザGCOE特別研究員。歴史社会学、植民地都市研究。「植民地都市をめぐる集合的記憶――「たうんまっぷ大連」を事例に」(『Core Ethics』・4,2008年)、「国境を越える同窓会――植民期大連の日本人学校同窓会の分析を通して」(『中国東北文化研究の広場』・2、2009年)。

白柳弘幸
玉川大学教育博物館日台近代教育史・自校史 (玉川学園史)「台湾『公学校修身教科

書』に登場する人物―人物を通して何を学ばせようとしたのか」『台湾学研究国際学術研討会：殖民興近代化』（台湾）国立中央図書館台湾分館　民国98年12月。「台湾総督府発行教科書について」『玉川大学教育博物館　紀要』第7号　平成21年3月。

佐藤由美

埼玉工業大学人間社会学部准教授。1994年3月、青山学院大学にて博士（教育学）学位取得。以後、非常勤講師を経て、2006年より現職。
主著に『植民地教育政策の研究【朝鮮・1905-1911】』（龍渓書舎、2000年）、「青山学院と戦前の台湾・朝鮮からの留学生」（『日本の教育史学』47集、2004年10月）がある。

宮脇弘幸

宮城学院女子大学教授（社会言語学）。主な業績：「解題　占領下マラヤ・シンガポールにおける教育と日本語教科書」『日本語教科書』龍渓書舎、2002。「解説　南洋教育と『国語読本』」『南洋群島　國語読本』大空社、2006。『日本の中国侵略期における植民地教育政策』監修、翻訳蘇林・竜英子、台北・致良出版社、2010（原著：武強著『日本侵華時期殖民教育政策』遼寧教育出版社1994）。

弘谷多喜夫

浜松学院大学短期大学部教員。1942年山口県生まれ。専攻：教育史。研究テーマ：近代国民国家と植民地教育、近代教育学理論の再構築。最近の論文：国立中央図書館台湾分館編印『台湾学研究国際学術研討会：殖民興近代化　論文集』掲載「戦後（1945－92年）における台湾の経済発展と教育：世界史における近代植民地支配の遺産と関わって」

鄭在哲

1931年生。中央大学校大学院長などを経て中央大学校名誉教授。韓国教育学会第30代会長、韓国教育史研究会会長などを歴任。『日帝の対韓国植民地教育政策史』（一志社、1985）、『大韓教連五十年史』（共著、大韓教育連合会、1987年）、『文教40年史』（共著、文教部、1988年）、『漢民族独立運動史　5』（共著、国史編纂委員会、1989年）、『教育論と時論』（温源鄭在哲博士教授定年退任記念文集刊行委員会、1996）、『中央大学校教育学科五十年史』（共著、国学資料院　2005）。

CONTENTS

Forward .... NISHIO Tatsuo

I. Symposium

Historical Studies of Colonial Education in Japan and the '3-1 Uprising for Independence' in Korea .... WATANABE Sosuke

The '3-1 Uprising for Independence' and Historical Studies of Education
.... MITSUI Takashi

Development of Social Movement in Taiwan afterthe '3-1 Uprising for Independence' in Korea .... Chen Hung Wen

Sawayanagi Masataro's Perception of Asia—Japanese Dominance of Korea and Colonial Education .... Matsuura Tsutomu

The Significance of the 'Sam-Il (March the 1st) Uprising for Independence' for Studies of Colonial Education − views from Korean, Taiwanese and Japanese Studies
.... INOUE Kaori

II. Research Papers

The Transfer of Primary School Teaching Personnel in the Imperial Japanese Occupied Territory of Kaozhou Bay(Qingdao) .... YAMAMOTO Issei

A Post colonialism Alumni Association—Postwar Alumni Association of *Ryojyun* Institute of Technology .... SATO Ryo

III. Field Work Report

Research of Colonial School Education in Taiwan (No.2) ... SHIRAYANAGI Hiroyuki

IV. Book Review

ITAGAKI Ryuta: Historical Ethnography of Modern Korea- Colonial experiences in *Sang-joo, Kyungbuk* Province .... INOUE Kaori

OTAKE Kiyomi: A Historical Study of the Relationship Between Modern Korean & Japanese Children's Culture & Literature .... SATO Yumi

V. Research Report

Overview of the *Kakenhi* Grant Project (2006-2008)   MIYAWAKI Hiroyuki

Review of the *Kakenhi* Grant Research Report—Achievements and Implications
.... WATANABE Sosuke

Review of Taiwan-focused papers in the *Kakenhi* Grant Research Report
.... HIROTANI Takio

Review of Korea-focused papers in the *Kakenhi* Grant Research Report
.... Chung Jae Chul

Ⅵ. Miscellaneous .... SHIRAYANAGI Hiroyuki

Editor's Note
Authors

＊英文校閲：宮脇弘幸

植民地教育史研究年報　第12号
Annual Reviews of Historical Studies of Colonial Education vol.12

三・一独立運動と教育史研究
The '3-1 Uprising for Independence' and Historical Studies of Education

編集
日本植民地教育史研究会運営委員会（第Ⅴ期）
The Japanese Society forHistorical Studies of Colonial Education

　　代　　表：西尾達雄
　　運営委員：井上　薫・小黒浩司・北川知子・白柳弘幸・田中寛・
　　　　　　　弘谷多喜夫・前田均・松浦勉・渡部宗助
　　事務局長：白柳弘幸
　　事務局員：井上薫・合津美穂・山本一生
　　第12号編集委員会：中田敏夫（委員長）・李省展・弘谷多喜夫・
　　　　　　　　　　　前田均・宮脇弘幸
　　事務局：玉川大学教育博物館研究調査室
　　〒194-8610　東京都町田市玉川学園6-1-1
　　TEL 042-739-8656
　　URL http://colonialeducation.web.infoseek.co.jp
　　E-mail：hiroyukis@tamagawa.ed.jp
　　郵便振替：００１３０-９-３６３８８５

発行　2010年3月30日
定価　2,000円＋税

発行所　　株式会社 皓星社
〒166-0004　東京都杉並区阿佐谷南1-14-5
電話：03-5306-2088　FAX：03-5306-4125
URL http://www.libro-koseisha.co.jp/
E-mail：　info@libro-koseisha.co.jp
郵便振替　00130-6-24639

装幀　藤林省三
印刷・製本　㈲吉田製本工房

ISBN978-4-7744-0444-8 C3337